LE DÉMI-MONDE,

COMÉDIE

EN CINQ ACTES, EN PROSE,

PAR

ALEXANDRE DUMAS FILS.

NEW-YORK,
CHARLES LASSALLE, Éditeur,
73, Franklin Street.

1855.

PERSONNAGES.

DE NANJAC.	MM. BERTON.
OLIVIER DE JALIN.	DUPUIS.
DE THONNERINS.	VILLARS.
HIPPOLYTE RICHOND.	LANDROL.
PREMIER DOMESTIQUE.	BRUNET.
DEUXIÈME DOMESTIQUE.	LOUIS.
TROISIÈME DOMESTIQUE.	ISMAEL.
LA BARONNE D'ANGE.	Mmes ROSE-CHÉRI.
MADAME DE SANTIS.	FIGEAC.
MARCELLE.	LAURENTINE.
MADAME DE VERNIÈRES.	MÉLANIE.
UNE FEMME DE CHAMBRE.	CONSTANCE.

Le premier acte se passe chez Olivier.
Le deuxième acte, chez la vicomtesse de Vernières.
Le troisième et le quatrième acte, chez Mme d'Ange.
Le cinquième acte, chez Olivier.

La scène est à Paris.

LE DEMI-MONDE.

ACTE PREMIER.

SCÈNE PREMIÈRE.

LA VICOMTESSE, OLIVIER.

LA VICOMTESSE. — Alors vous me promettez que l'affaire n'aura pas de suites ?....

OLIVIER. — Elle ne peut pas en avoir.

LA VICOMTESSE. — J'ai voulu venir moi-même pour vous le demander, au risque de me rencontrer chez vous avec Dieu sait qui !....

OLIVIER. — Je reçois donc une bien mauvaise société ?....

LA VICOMTESSE. — On le dit.

OLIVIER. — On se trompe, il ne vient ici que des amies à vous.

LA VICOMTESSE. — Ah ! c'est flatteur pour mes amies.

OLIVIER. — D'ailleurs, vous ne faites qu'une démarche parfaitement avouable. Deux de vos amis, monsieur de Maucroix et monsieur de Latour, ont eu chez vous, à une partie de lansquenet, un petit malentendu ; une explication est devenue nécessaire. Elle doit avoir lieu chez moi. Je suis le témoin de monsieur de Maucroix, vous venez me prier d'arranger l'affaire, c'est tout naturel.

LA VICOMTESSE. — Certainement ; mais j'aime autant qu'on ne sache pas que je suis venue, parce que j'aime autant que tout Paris ne sache pas qu'on joue dans mon salon. Si l'affaire tourne mal, il y aura procès, et une femme comme il faut ne tient pas à paraître même comme témoin devant un tribunal, et à voir son nom dans les gazettes. Tâchez donc que l'affaire s'arrange, ou, si elle ne s'arrange pas, faites en sorte, par amitié pour moi, que le duel ait une cause à laquelle je ne sois pas mêlée, même indirectement. Je donne à jouer pour qu'on s'amuse, et non pour qu'on se querelle....

OLIVIER. — C'est dit !....

LA VICOMTESSE. — Sur ce, comme madame de Santis n'arrive pas, je vous laisse....

OLIVIER. — Madame de Santis doit donc venir ?....

LA VICOMTESSE. — Quand elle a su que j'allais vous voir, elle m'a dit : J'irai vous reprendre, je ne serais pas fâchée de le voir, ce grand mauvais sujet-là. Mais elle est si étourdie qu'elle l'aura oublié, et je ne puis pas l'attendre plus longtemps. Adieu ; je vous ferai observer que vous ne m'avez pas demandé de nouvelles de ma nièce, qui, elle, m'a chargée de vous dire bien des choses.

OLIVIER. — Des choses agréables ?...

LA VICOMTESSE. — Naturellement.

OLIVIER. — C'est bien aimable de sa part...

LA VICOMTESSE. — Certainement, c'est aimable. Rien ne l'y force. Elle sait bien que vous ne l'épouserez pas.

OLIVIER — Oh ! non....

LA VICOMTESSE. — Mon cher, vous pourriez plus mal tomber....

OLIVIER. — Quand on tombe, on ne tombe jamais bien....

LA VICOMTESSE. — Du reste, nous avons mieux que vous....

OLIVIER. — Etes-vous sûre ?....

LA VICOMTESSE. — Vous êtes de petite noblesse.... et vous n'êtes pas riche ?....

OLIVIER. — Trente mille francs de rentes...

LA VICOMTESSE. — En rentes ?....

OLIVIER. — En terres...

LA VICOMTESSE. — Ah ! ce n'est pas mal cela ; mais vous avez une famille ?....

OLIVIER. — On a toujours une famille ; mais ma famille se réduit à ma mère, qui s'est remariée, et comme j'ai dû plaider avec son mari, à ma majorité, pour rentrer dans la fortune de mon père, nous nous voyons rarement et je crois qu'elle ne m'aime pas beaucoup. Une mère veuve ne devrait jamais se remarier.... En rayant de sa vie le nom du père de ses enfants, elle devient presque une étrangère pour eux. Voilà, ma chère vicomtesse, comment il se fait que j'ai été, si jeune, livré à moi-même, que j'ai fait des folies et des dettes que j'ai payées depuis, et que je suis maintenant un homme trop raisonnable pour épouser votre nièce, bien que je la trouve charmante, qu'elle ait pour moi une grande qualité, celle d'être orpheline, et que j'ai eu un instant la crainte de l'épouser.

LA VICOMTESSE. — Vous !....

OLIVIER. — Moi… je devenais tout bonnement amoureux d'elle, et si j'avais continué à aller chez vous, comme je suis un honnête homme, j'aurais fini par vous la demander, ce qui eût été une folie….

LA VICOMTESSE. — Parce qu'elle n'a pas de fortune ?….

OLIVIER. — Cela m'était bien égal, je ne suis pas homme à faire un mariage d'argent. Non, il y a une autre raison….

LA VICOMTESSE. — Laquelle ?….

OLIVIER. — Nous autres hommes du monde, nous ne sommes pas si bêtes que nous en avons l'air, et quand nous nous marions, c'est pour trouver dans notre femme ce que nous avons inutilement demandé aux femmes des autres, et plus nous avons vécu, plus nous tenons à ce que la femme que nous épousons ne connaisse rien de la vie. Ces petites demoiselles qui ont avant leur mariage une réputation toute faite d'esprit et d'indépendance, font des femmes déplorables. Voyez madame de Santis.

LA VICOMTESSE. — Mais, Marcelle n'a pas le caractère de Valentine.

OLIVIER. — Ce qui n'empêche pas madame de Santis, séparée d'un mari inconnu, compromise et compromettante comme elle l'est, d'avoir pour amie intime mademoiselle de Sancenaux votre nièce. Voyons, madame de Santis est-elle une société pour une fille de dix-huit ans ?….

LA VICOMTESSE. —Que voulez-vous ? Marcelle n'a pas beaucoup de distractions ; je n'ai pas de fortune…. Madame de Santis aime le spectacle, elle a une voiture, Marcelle en profite. Il faut bien que cette enfant s'amuse…. Elle ne fait pas de mal, après tout….

OLIVIER. — Elle ne fait pas de mal, mais elle donne à penser qu'elle en fait, et elle en fera.

LA VICOMTESSE.— Mon cher Olivier….

OLIVIER. — Vous êtes dans le faux. Savez-vous ce que vous auriez dû faire ?…. Vous auriez dû confier votre nièce au marquis de Thonnerins, il y a trois ans, quand elle est sortie de sa pension et qu'il voulait la faire élever avec sa fille. Aujourd'hui Marcelle vivrait dans un monde convenable, et elle aurait fait ou elle serait sûre de faire un bon et vrai mariage, ce que je doute bien qu'elle fasse jamais…

LA VICOMTESSE. — Je l'aimais trop pour me séparer d'elle.

OLIVIER. — C'est un égoïsme que vous regretterez plus tard et qu'elle vous reprochera un jour.

LA VICOMTESSE. — Non, car si elle veut, dans deux mois elle sera mariée, et elle fera une femme charmante ; les femmes sont ce que les font leurs maris….

OLIVIER. — Mais les maris sont aussi ce que les font leurs femmes, et la compensation n'est pas suffisante. Et à qui la mariez-vous cette fois-ci ? ….

LA VICOMTESSE. — A un jeune homme.

OLIVIER. — Qui aime mademoiselle de Sancenaux et qui est aimé d'elle ?

LA VICOMTESSE. — Non, mais peu importe… dans le mariage, quand l'amour existe, l'habitude le tue, et quand il n'existe pas, elle le fait naître.

OLIVIER. — Vous parlez comme Larochefoucauld…. Et d'où vous vient ce jeune homme ?….

LA VICOMTESSE. — C'est monsieur de Latour qui me l'a présenté.

OLIVIER. — Présenté par monsieur de Latour, marchandise de pacotille, moitié fil et moitié coton.

LA VICOMTESSE. — Ecoutez, je me connais en hommes comme il faut, celui-là en est un, je vous en réponds. Ce serait juste le mari qu'il faudrait à Marcelle. Il est jeune, il a une figure distinguée trente-deux ans au plus, militaire, décoré, pas de famille, excepté une jeune sœur déjà veuve et qui vit fort retirée dans le fond de son faubourg Saint-Germain, une vingtaine de mille livres de rentes, libre comme l'air, pouvant se marier demain si bon lui semble ; ne connaissant à Paris que monsieur de Latour, Marcelle et moi ; l'occasion est belle et je ne trouverai jamais mieux, vous serez le premier à me le dire, quand vous le connaîtrez.

OLIVIER.—Je connaîtrai donc ce monsieur ?…

LA VICOMTESSE. — Aujourd'hui même ; c'est le témoin de Monsieur Latour.

OLIVIER. — C'est ce monsieur de Nanjac qui a remis hier sa carte chez moi, en me faisant dire qu'il viendrait aujourd'hui à trois heures ?

LA VICOMTESSE. — C'est cela. Maintenant, soyez gentil, vous l'êtes quand vous voulez…. Si monsieur de Nanjac se lie avec vous, et il n'y aurait rien d'étonnant à cela, et qu'il vous parle de Marcelle, tâchez de ne pas dire toutes les sottises que vous avez dites tout à l'heure. *(Le Domestique annonçant madame de Santis.)*

SCENE II.

LES MÊMES, VALENTINE.

LA VICOMTESSE. — Arrivez donc, chère enfant ! d'où venez-vous ?….

VALENTINE. — Ne m'en parlez pas, j'ai cru que je n'en finirais jamais… *(A Olivier.)* Vous allez bien, vous ?….

OLIVIER. — A merveille….

VALENTINE. — Figurez-vous que ma couturière est venue, il m'a fallu essayer des robes ; j'en aurai une demain pour aller aux courses, vous verrez…. Ensuite, j'ai été retenir moi-même une voiture à deux chevaux, je me suis fait montrer le cocher, c'est un Anglais, il est très-bien…. Ensuite, j'ai été chez mon propriétaire, car vous savez que je déménage…. Combien payez-vous ici ?….

OLIVIER. — Trois mille francs.

VALENTINE. — Mais vous êtes dans les nouveaux quartiers, dans un désert, on pourrait s'y égorger, personne n'y verrait rien... Je mourrais d'ennui par ici. Moi j'ai trouvé, rue de la Paix, un amour d'appartement au second sur la rue, trois mille cinq cents francs, et le propriétaire met les papiers. Le salon sera rouge et or, la chambre à coucher en brocatelle jaune et le boudoir en satin de Chine bleu. Je renouvelle tout mon mobilier, ce sera ravissant.

OLIVIER. — Avec quoi payerez-vous tout cela ?

VALENTINE. — Comment, avec quoi ? est-ce que je n'ai pas ma dot ?....

OLIVIER. — Il ne doit plus en rester beaucoup, au train dont vous allez ?

VALENTINE. — Il me reste trente mille francs à peu près.... Ah ! ma chère, si vous avez besoin d'argent, je vous recommande mon homme d'affaires, monsieur Michel.... Je n'avais pas le temps d'attendre qu'une propriété que j'ai en Touraine fût vendue, je lui ai remis les titres, il m'a avancé tout de suite cinq mille francs dessus, les intérêts à huit.... Ce n'est pas trop cher.... Je vais, en sortant d'ici, chercher le reste de la somme.

OLIVIER. — Ce Michel est un petit maigre, avec des moustaches, des chemises brodées et des boutons de gilet en émail....

VALENTINE. — Il a l'air très comme il faut.

OLIVIER. — Cela dépend des quartiers... Vous savez que c'est un voleur... Je le connais bien, il m'a prêté de l'argent avant ma majorité.... Si vous êtes déjà entre les mains de cet homme-là, les trente mille francs iront vite, et quand ils seront mangés, comment ferez-vous ?....

VALENTINE. — Est-ce que je n'ai pas mon mari ?.... Il faudra bien qu'il me fasse une pension.... Je suis sa femme, il n'y a pas à dire... S'il ne me reste que ce moyen, je retournerai avec lui...

OLIVIER. — Voilà un mari qui aura de la chance.... Et quand on pense qu'en ce moment il ne se doute peut-être pas de son bonheur.... Mais s'il allait se refuser à cette combinaison ?....

VALENTINE. — Il ne peut pas.... Nous ne sommes pas séparés judiciairement.... J'ai le droit de retourner au domicile conjugal quand bon me semblera.... Il sera forcé de me recevoir.... et d'ailleurs, il ne demandera pas mieux, il est toujours amoureux de moi.

OLIVIER. — Je serais curieux de voir cela.

VALENTINE. — Vous le verrez.... Il faut faire une fin !... Où donc ai-je été encore ?.... C'est tout.... Je suis revenue par les Champs-Elysées, il y avait un monde fou.... J'ai rencontré tous ces messieurs.... Le petit de Bonchamp, le comte de Bryad, monsieur de Casavaux.... Je leur ai dit de venir prendre le thé chez moi demain ; serez-vous des nôtres ?....

OLIVIER. — Non, merci.

VALENTINE. — J'ai été chercher une loge pour ce soir, une avant-scène de rez-de-chaussée....

J'ai été payer ma note chez ma modiste.... Je la quitte.... Oui, elle ne travaille que pour des actrices.... Voilà ma journée.... (à la Vicomtesse.) Ah ! nous dînons mardi chez monsieur de Calvillot.... Il pend la crémaillère.... Il a un hôtel charmant.... Il m'a priée de faire les invitations des dames.. Vous viendrez avec Marcelle.... Ce sera très-gai.

OLIVIER. — Pauvre femme !....

VALENTINE. — Qu'est-ce que vous avez ?.

OLIVIER. — Rien, je vous plains.

VALENTINE. — Pourquoi donc ?

OLIVIER. — parce que vous êtes à plaindre... Si vous ne le comprenez pas, je ne perdrai pas mon temps à vous l'expliquer.

VALENTINE. — Oh ! je savais bien que je voulais vous demander quelque chose.

OLIVIER. — Elle n'a pas entendu ce que je lui disais.... rien dans la tête. Qu'est-ce que vous voulez savoir ?

VALENTINE. — Avez-vous des nouvelles de madame d'Ange ?

OLIVIER. — Pourquoi voulez-vous que j'en aie ?

VALENTINE. — Est-ce qu'elle ne vous a pas écrit de Bade ?

OLIVIER. — Non.

VALENTINE. — C'est à moi que vous dites cela, à moi qui....   (Elle rit.)

OLIVIER. — A vous qui ?....

VALENTINE. — C'est moi qui mettais les lettres à la poste.... Je sais garder une confidence, allez, toute folle que je parais....Et elle vous écrivait des lettres charmantes ! (Elle rit.)

OLIVIER. — Pourquoi riez-vous ?

VALENTINE. — Parce que vous faites de la discrétion avec moi et que j'en sais plus long que vous.

OLIVIER. — Eh bien ! je n'ai pas reçu de nouvelles depuis quinze jours.

VALENTINE. — C'est cela, pas depuis que je suis partie.

OLIVIER. — Elle ne vous a donc pas écrit non plus ?

VALENTINE. — Elle n'écrit jamais.

OLIVIER. — Qu'est-ce que vous avez donc là ?...

VALENTINE. — Où là ?....

LA VICOMTESSE. — Il veut encore vous faire enrager.

OLIVIER. — Autour des yeux, c'est tout noir.

VALENTINE. — Ah ! vous voilà comme les autres.... vous allez dire que je me peins les yeux et les sourcils. Quand on pense que la moitié des gens qui me connaissent croient que je me peins le visage !

OLIVIER. — Et que l'autre moitié en est sûre.

VALENTINE. — Vous êtes fou.

OLIVIER. — Vous ne mettez pas de blanc ?....

VALENTINE. — Je mets de la poudre de riz, comme toutes les femmes....

OLIVIER. — Et du rouge....

VALENTINE. — Jamais.

OLIVIER. — Jamais !....

VALENTINE. — Un peu le soir, et encore c'est bien rare....

OLIVIER. — Et vous ne vous peignez pas les yeux ?....

VALENTINE. — Puisque c'est la mode....

OLIVIER. — Pas pour les femmes comme il faut, en tout cas.

VALENTINE. — Pourvu que cela aille bien à la figure, qu'est-ce que cela fait ?.... On sait bien que je suis une femme comme il faut....

OLIVIER. — Et cela se voit de reste.

LA VICOMTESSE. — Etes-vous assez bavarde.... Allons-nous-en !....

VALENTINE, à la Vicomtesse. — Si vous voulez, je vais vous mener voir mon appartement ?....

LA VICOMTESSE. — Je veux bien, je n'ai rien à faire !....

VALENTINE, à Olivier. — Venez avec nous, vous me donnerez des conseils pour les tentures.

OLIVIER. — Je ne peux pas sortir, j'attends quelqu'un.

VALENTINE. — Qui donc ?....

OLIVIER. — Un de mes amis.

VALENTINE. — Qu'on appelle ?....

OLIVIER. — Qu'est-ce que cela peut vous faire ?....

VALENTINE. — Oh ! c'est pour dire quelque chose.

OLIVIER. — Eh bien, on l'appelle Hippolyte Richond.... Depuis dix ans il a beaucoup voyagé. Il est de retour à Paris depuis quelques jours seulement. C'est le fils d'un riche négociant de Marseille mort dans les huiles. Etes-vous contente ?.... Le connaissez-vous ?

VALENTINE. — Non, je ne le connais pas.

LA VICOMTESSE. — Il est marié ?....

OLIVIER. — Oui.

VALENTINE. — Vous connaissez sa femme ?....

OLIVIER. — Et son fils aussi.

VALENTINE. — Il a un fils ?....

OLIVIER. — Oui.... qui a cinq ou six ans. En quoi cela peut-il vous étonner, puisque vous ne le connaissez pas ?

VALENTINE. — Et ce monsieur Richond demeure ?....

OLIVIER. — Oh ! ça, c'est trop fort.... Il demeure rue de Lille, numéro sept. Si vous voulez que je vous le présente.... attendez un instant, puisqu'il va venir.

VALENTINE. — Non, non, je ne veux pas le voir....

OLIVIER. — Qu'avez-vous donc ?....

VALENTINE. — Rien.... adieu !....

LE DOMESTIQUE, annonçant. — Monsieur Hippolyte Richond !

OLIVIER. — Voulez-vous ?

VALENTINE. — C'est inutile....

(Elle baisse son voile et passe devant Hippolyte. Elle sort avec la Vicomtesse.)

SCENE III.

HYPPOLYTE, OLIVIER.

OLIVIER. — Comment vas-tu ?....

HIPPOLYTE. — Très-bien, et toi ?....

OLIVIER. — A merveille, et ta femme ?....

HIPPOLYTE. — Tout le monde va bien. Qu'est-ce que c'est que cette dame ?....

OLIVIER. — C'est une nommée madame de Santis.

HIPPOLYTE. — Valentine....

OLIVIER. — Tu la connais ?....

HIPPOLYTE. — Personnellement, non ; mais j'ai connu beaucoup son mari....

OLIVIER. — Elle est donc mariée réellement ?....

HIPPOLYTE. — Tout ce qu'il y a de plus marié....

OLIVIER. — Ah ! vraiment.... Elle prétend que son mari a eu bien des torts....

HIPPOLYTE. — C'est vrai.... il a eu le tort de l'épouser, car il paraît qu'elle a jeté son bonnet par-dessus les moulins....

OLIVIER. — Non.... mais, comme c'est une femme bien élevée, elle les salue quand elle les rencontre....

HIPPOLYTE. — Ah ! tu la connais ?

OLIVIER. — En tout bien tout honneur.... elle venait ici pour rechercher cette vieille dame que tu as vue avec elle. Du reste, quand je lui ai dit ton nom, elle a changé de physionomie.... Cependant elle m'a dit ne pas te connaître.

HIPPOLYTE. — Nous ne nous sommes jamais parlé, mais elle doit savoir que je suis au courant de toute sa vie.

OLIVIER. — C'est donc cela.... Et où est monsieur de Santis ?....

HIPPOLYTE. — Son mari ne s'appelle pas de Santis. Ce nom de Santis est le nom de la mère de Valentine, nom qu'elle a pris lors de sa séparation, son mari lui ayant défendu de porter le sien.

OLIVIER. — Qu'est-ce qu'elle avait donc fait ?....

HIPPOLYTE. — Elle avait indignement trompé ce brave et honnête garçon, qui était amoureux fou d'elle.... Du reste, elle était charmante ; on l'appelait la belle mademoiselle de Santis.... Elle n'avait pas un sou de fortune, mon ami était riche, il était amoureux, il était tout jeune, très-timide, il n'osait pas demander sa main. Un de ses amis, qui l'avait présenté dans la maison, lui offrit de faire la demande en son nom ; il accepta. Le mariage fut résolu ; il eut lieu. L'ami fut un des deux témoins du marié.

OLIVIER. — Tu étais l'autre ?....

HIPPOLYTE. — Non. Six mois après son mariage, le mari vint me trouver ; il avait la preuve que sa femme était la maîtresse du misérable qui les avait mariés.... Mon ami se battit avec cet homme ; il le tua, et il partit en laissant à sa femme la dot de deux cent mille francs qu'il lui avait reconnue, mais en lui défendant de porter son nom, de dire même qu'elle le connaissait. Depuis, ils ne se sont pas revus ; il y a dix ans de cela.

OLIVIER. — Et où est le mari maintenant ?...

HIPPOLYTE. — Il vit à l'étranger. Je l'ai rencontré en Allemagne, il y a deux mois.

OLIVIER. — Et il n'aime plus sa femme ?....

HIPPOLYTE. — Je ne crois pas.

OLIVIER. — Elle prétend cependant qu'il l'aime toujours et qu'il ne dépend que d'elle de retourner avec lui....

HIPPOLYTE. — Elle se trompe.... Quelle est cette vieille dame avec qui elle sortait de chez toi ?.... est-ce que c'est sa mère ?....

OLIVIER. — Non. C'est un reste de femme de qualité que le besoin du luxe et du plaisir a entraînée peu à peu dans une société facile.... Elle a ruiné son mari, qui a pris le parti de mourir, il y a dix ou douze ans. Quelques anciens amis, des actions qu'on lui donne et qu'elle revend, les épaves de sa fortune naufragée que le vent rejette de temps à autre aux rives du présent, voilà ses ressources.... Elle a une nièce très-jolie, qu'elle aime bien, qu'elle élève mal, et sur le mariage de laquelle elle compte pour redorer son blason ; seulement, on ne trouve pas de mari.... En attendant, elle lutte tant qu'elle peut ; elle donne des soirées où l'on sent qu'il n'y a pas d'argent dans les tiroirs et que le lendemain il faudra vendre ou engager quelque chose pour payer les bougies roses, le punch et les glaces. Les jeunes gens qu'elle invite mangent les glaces, boivent le punch, envoient des bonbons à sa nièce, le premier jour de l'an, épousent des filles du vrai monde et ne saluent la vicomtesse et sa nièce que du bout de leur chapeau, quand ils les rencontrent, pour n'avoir pas à les inviter dans l'intimité de leurs mères et de leurs femmes.

HIPPOLYTE. — Et madame de Santis est l'amie de cette dame ?....

OLIVIER. — Quelle autre société veux-tu qu'elle voie ?....

HIPPOLYTE. — C'est juste.... Maintenant tu m'as écrit que tu avais un service à me demander.... Je t'écoute.

OLIVIER. — Quelle heure est-il ?....

HIPPOLYTE. — Deux heures.

OLIVIER, *sonnant.* — Alors, pour que nous puissions causer à notre aise, laisse-moi terminer quelque chose....

HIPPOLYTE. — Ne te gêne pas, cher ami, j'ai le temps.

(Le Domestique entre.)

OLIVIER, *au Domestique.* — Vous allez porter cette lettre à monsieur le comte de Lornan. Vous le connaissez bien ?.... Dans le cas où il serait absent, vous feriez remettre cette lettre à madame la comtesse. Allez....

(Le Domestique sort.)

HIPPOLYTE. — Tu écris donc des lettres à deux fins, qui peuvent servir pour les maris et pour leurs femmes ?

OLIVIER. — Non. J'écris une lettre qui ne peut être lue que par la femme ; mais pour ne pas la compromettre, je l'adresse au mari....

HIPPOLYTE. — Et si c'est au mari qu'on la remet ?....

OLIVIER. — Le mari est à la campagne.

HIPPOLYTE. — Ah ! tu m'en diras tant !.... Sais-tu que c'est très-ingénieux, ce moyen-là ?

OLIVIER. — Je te le loue, si tu en as besoin.... Mais c'est aujourd'hui la première et la dernière fois que j'y ai recours, et c'est dans l'intérêt de la femme.

HIPPOLYTE. — En es-tu sûr ?....

OLIVIER. — Voilà l'histoire, elle est bien simple.... Je te nomme les personnages, pour te prouver que le mari n'a rien à craindre de sa femme, et la femme rien à craindre de moi ! L'automne dernier.... Tiens, voilà une saison dangereuse, à la campagne surtout, où la solitude donne carrière à l'imagination, où chaque feuille qui tombe est une élégie toute faite, où l'on sent le besoin de devenir poitrinaire pour être dans le ton de la nature mélancolique et décolorée.

HIPPOLYTE. — Millevoye, la *Chute des Feuilles*, livre Ier, page 21. Je ne connais que ça ; j'ai été poitrinaire.

OLIVIER. — Qui ne l'a pas été ? La maladie de poitrine et la garde nationale à cheval, depuis 1830, tout le monde a passé par là. Enfin, l'automne dernier, on me présente à la comtesse de Lornan, qui passait le mois d'octobre à la campagne, chez la mère d'un de mes amis, chez la mère de Maucroix, dont nous allons parler tout à l'heure. Une femme blonde, distinguée, poétique, sentimentale, vertueuse, le mari en voyage ; tu sais la tradition ? Je fais la cour à la femme, et me voilà convaincu que je suis amoureux d'elle. On revient à Paris ; elle me présente à son mari.

HIPPOLYTE. — Un imbécile.

OLIVIER. — Un homme charmant, d'une quarantaine d'années, qui se prend d'amitié pour moi, et pour qui je me prends d'affection ; si bien qu'au bout de quinze jours j'étais l'ami intime du mari et ne pensais plus du tout à la femme, mais plus du tout.... Alors voilà une femme qui ne m'avait donné aucun espoir, et qui, entre nous, n'est pas plus faite pour les intrigues que pour....

(Il cherche.)

HIPPOLYTE. — C'est bon, tu trouveras la comparaison une autre fois.

OLIVIER. — Voilà une femme dont l'amour-propre se blesse, qui croit que je me suis moqué d'elle, et, bref, qui m'écrit hier que son mari est parti pour quelques jours, qu'elle veut avoir une explication avec moi, et qu'elle m'attend aujourd'hui à deux heures.... J'ai brûlé sa lettre, et au lieu d'avoir cette explication inutile, embarrassante, je viens de lui écrire la vérité, que je veux être son ami, mais que je ne l'aime pas assez, ou plutôt que je l'aime trop, pour essayer de l'entraîner dans une fausse route.... Elle m'en voudra un peu, mais elle sera sauvée, et, ma foi, c'est quelque chose que de sauver l'honneur d'une femme....

HIPPOLYTE. — Eh bien! c'est brave, ce que tu as fait là.

OLIVIER. — Et je l'ai fait sans arrière-pensée, je te le jure! Soit que j'aie déjà trop vécu, soit que décidément je sois un honnête homme, je suis résolu à ne plus commettre toutes ces petites infamies dont l'amour est l'excuse. Aller chez un homme, lui serrer la main, l'appeler son ami et lui prendre sa femme.... tant pis pour ceux qui ne pensent pas comme moi, mais je trouve cela honteux, répugnant, écœurant.

HIPPOLYTE. — D'autant plus qu'elle est usée jusqu'à la corde, même dans les romans et les comédies, l'apologie de l'amant, toujours joli, toujours spirituel, toujours aimé, tandis que le mari est toujours bête, toujours laid, toujours détestable.... De quoi a-t-il l'air, l'amant d'une femme mariée, quand le mari est là?.... Est-il assez maladroit, assez mal à son aise, assez humilié!

OLIVIER. — Et la femme, perd-elle assez vite dans l'esprit de l'homme qui lui a juré de l'aimer éternellement!.... Au lieu de la créature divine, toute rayonnante du charme de l'inconnu, qu'il voyait entourée, comme une reine, de flatteurs et de courtisans.... au lieu d'un tableau de Raphaël dans un cadre d'or, il n'a plus qu'une ombre voilée, inquiète, tremblante, agitée de remords.... poursuivie de terreurs, vêtue de noir pour ne pas être reconnue, descendant d'un fiacre ridicule et compromettant; il n'a plus qu'une mauvaise lithographie de son rêve, qu'il accroche avec quatre épingles, sur le mur d'une chambre garnie, entre *Souvenirs et Regrets* de monsieur Dubufe....

HIPPOLYTE. — Tu es magnifique.

OLIVIER. — Je suis comme cela.

HIPPOLYTE. — C'est que tu es amoureux d'un autre côté.

OLIVIER. — Sceptique.

HIPPOLYTE. — Avoue-le?

OLIVIER. — Pardieu! il est bien certain....

HIPPOLYTE. — Je me disais aussi: Voilà un gaillard qui fait le Joseph, il doit y avoir une raison.... Et je connais la belle?....

OLIVIER. — Non. Elle était partie pour les eaux avant ton arrivée à Paris. D'ailleurs, je ne te l'aurais pas nommée, pour ne pas la compromettre.... C'est une femme du monde.

HIPPOLYTE. — Allons donc!

OLIVIER. — C'est elle qui le dit. En attendant, elle est libre, elle est veuve, elle n'a plus vingt ans, elle se met à merveille, elle a de l'esprit, elle sait conserver les apparences. Pas de danger dans le présent, pas de chagrins dans l'avenir, car elle est de celles qui prévoient toutes les éventualités d'une liaison et qui mènent en souriant, avec des phrases toutes faites, leur amour de convention jusqu'au relai où il chan-

gera de chevaux. J'ai pris cette liaison-là comme un voyageur qui n'est pas pressé prend la poste, au lieu de prendre le chemin de fer; c'est plus gai et l'on s'arrête quand on veut.

HIPPOLYTE. — Et cela dure?

OLIVIER. — Depuis six mois.

HIPPOLYTE. — Et cela durera encore?

OLIVIER. — Tant qu'elle voudra.

HYPPOLYTE. — Jusqu'à ce que tu te maries.

OLIVIER. — Je ne me marierai jamais.

HIPPOLYTE. — On dit cela, et un beau jour....

LE DOMESTIQUE, *entrant*. — Monsieur!

OLIVIER. — Qu'est-ce que c'est?

LE DOMESTIQUE, *bas*. — C'est cette dame qui était en voyage.

OLIVIER. — Ah! faites-la entrer là, je suis à elle tout de suite.

(Le Domestique sort.)

HIPPOLYTE. — C'est elle?

OLIVIER. — Justement.

HIPPOLYTE. Je m'en vais, moi.

OLIVIER. — Quand te reverrai-je?

HIPPOLYTE. — Quand tu voudras.

OLIVIER. — Eh bien, dis donc?

HIPPOLYTE. — Quoi?

OLIVIER. — Tu t'en vas comme cela?

HIPPOLYTE. — Comment veux-tu que je m'en aille?

OLIVIER. — Et de Maucroix? nous avons causé de tout, excepté de son affaire.

HIPPOLYTE. — C'est vrai, nous l'avons oublié. Sommes-nous bêtes!

OLIVIER. — Si tu voulais bien parler au singulier.

HIPPOLYTE. — Volontiers. Es-tu bête!

OLIVIER. — Tu as donc des mots?

HIPPOLYTE. — Quelquefois.

OLIVIER. — Eh bien, voilà de quoi il s'agit: Monsieur de Maucroix a eu une querelle au jeu avec monsieur de Latour, chez madame de Vernières, que tu as vue tout à l'heure. Ce monsieur de Latour doit m'envoyer un témoin à trois heures. Du moment qu'il n'envoie qu'un témoin, c'est que l'affaire peut être arrangée. Si cependant elle ne s'arrange pas, il faudra prendre un nouveau rendez-vous, et nous devrons être deux témoins de chaque côté. Ce rendez-vous aurait sans doute lieu ce soir. Autant en finir tout de suite. Où te trouverai-je si j'ai besoin de toi?

HIPPOLYTE. — Chez moi, jusqu'à six heures, et de six à huit je dîne avec toi au café Anglais, si tu veux.

OLIVIER. — Très-bien! viens me prendre à six heures alors, c'est ton chemin.

(Hippolyte sort.)

SCÈNE IV.

OLIVIER, SUZANNE.

OLIVIER, *allant à la porte de côté, qui s'est ouverte quand la porte du fond s'est fermée.* — Comment, c'est vous?

SUZANNE, *entrant et souriant.* — Oui.

OLIVIER. — Je vous croyais morte.

SUZANNE. — Je me porte bien.

OLIVIER. — Quand êtes-vous arrivé de Bade ?

SUZANNE. — Il y a huit jours.

OLIVIER. — Huit jours !

SUZANNE. — Oui !

OLIVIER. — Tiens ! tiens ! tiens ! Et je ne vous vois qu'aujourd'hui ! il doit y avoir du nouveau.

SUZANNE. — Peut-être. Avez-vous toujours de l'esprit ?

OLIVIER. — Bien davantage.

SUZANNE. — Depuis quand ?

OLIVIER. — Depuis votre retour.

SUZANNE. — C'est presque un compliment.

OLIVIER. — Presque.

SUZANNE. — Eh bien, tant mieux.

OLIVIER. — Quoi ?

SUZANNE. — Que vous ayez toujours de l'esprit.

OLIVIER. — Parce que ?

SUZANNE. — Parce qu'en revenant de Bade, on n'est pas fâchée de causer.

OLIVIER. — On ne cause donc pas à Bade ?

SUZANNE. — On parle tout au plus.

OLIVIER. — Eh bien, il paraît que vous n'aviez pas grande envie de causer, puisque vous êtes arrivée depuis huit jours et que je vous vois aujourd'hui seulement.

SUZANNE. — J'ai passé tout ce temps à la la campagne, je viens à Paris aujourd'hui pour la première fois, personne ne sait que je suis revenue. Nous disons donc que vous avez toujours de l'esprit.

OLIVIER. — Ah ! oui, au fait.

SUZANNE. — Nous allons bien voir.

OLIVIER. — Où voulez-vous en venir ?

SUZANNE. — Ah ! mon Dieu ! à une seule question. Voulez-vous m'épouser ?

OLIVIER. — Vous ?

SUZANNE. — Pas trop d'étonnement, ce serait de l'impolitesse.

OLIVIER. — Quelle idée !

SUZANNE. — Alors vous ne voulez pas ? n'en parlons plus. Eh bien ! mon cher Olivier, il me reste à vous apprendre que nous ne nous reverrons pas.... Je vais partir.

OLIVIER. — Pour longtemps ?

SUZANNE. — Pour longtemps.

OLIVIER. — Et vous allez ?....

SUZANNE. — Très-loin.

OLIVIER. — Vous m'intriguez.

SUZANNE. — C'est pourtant bien simple. Il y a tous les jours des gens qui partent ; c'est même pour ces gens-là qu'on a inventé les voitures et les bateaux à vapeur.

OLIVIER. — C'est juste. Eh bien ! et moi ?...

SUZANNE. — Vous ?....

OLIVIER. — Oui.

SUZANNE. — Vous?.... vous restez à Paris.

OLIVIER. — Ah !

SUZANNE. — A moins que vous ne vouliez partir aussi. Vous êtes bien libre.

OLIVIER. — Avec vous?....

SUZANNE. — Oh ! non.

OLIVIER. — Alors, c'est fini ?

SUZANNE. — Quoi ?

OLIVIER. — Nous ne nous aimons plus ?

SUZANNE. — Nous nous sommes donc aimés ?

OLIVIER. — Je l'ai cru.

SUZANNE. — Et moi, j'ai fait mon possible pour le croire.

OLIVIER. — Vraiment !

SUZANNE. — Oui, j'ai passé ma vie à vouloir aimer, mais jusqu'à présent cela m'a été impossible.

OLIVIER. — Merci pour moi.

SUZANNE. — Ce n'est pas pour vous seul que je dis cela.

OLIVIER. — Merci pour nous, alors.

SUZANNE. — Sachez cependant que lorsque je suis partie pour Bade, c'était moins pour aller aux eaux comme une femme oisive que pour réfléchir comme une femme sensée. A distance, on se rend mieux compte de ses véritables sentiments. Peut-être aviez-vous à votre insu et malgré moi plus d'importance que je ne voulais le croire. Je suis partie pour savoir si je pourrais me passer de vous....

OLIVIER. — Eh bien ?

SUZANNE. — Eh bien ! je m'en suis passée, vous ne m'avez pas suivie. Les lettres que vous m'avez écrites n'étaient que spirituelles. Quinze jours après mon départ, vous m'étiez devenu complétement indifférent.

OLIVIER. — Vous avez un grand mérite dans vos discours, c'est la clarté.

SUZANNE. — Je suis revenue il y a huit jours. Ma première idée était de ne pas même venir vous voir et d'attendre, pour avoir cette explication, que le hasard nous fît trouver ensemble. Mais j'ai réfléchi que nous étions gens d'esprit tous deux, et qu'au lieu d'éluder la situation, il était plus digne de la trancher tout de suite, et me voici, vous demandant si de notre faux amour vous voulez faire une amitié vraie.... (*Olivier rit.*) Qu'est-ce qui vous fait rire ?

OLIVIER. — Je ris en pensant que, sauf les expressions, je disais ou plutôt j'écrivais la même chose il y a deux heures.

SUZANNE. — A une femme ?

OLIVIER. — Oui.

SUZANNE. — A la belle Charlotte de Lornan ?

OLIVIER. — Je ne connais pas cette dame.

SUZANNE. — Dans les derniers temps de mon séjour à Paris, vous ne veniez plus me voir aussi régulièrement que par le passé. Je me suis bien vite aperçue que les raisons que vous me donniez pour n'être pas venu, ou les prétextes que vous faisiez valoir pour ne pas venir, cachaient quelque mystère. Ce mystère ne pouvait être qu'une femme. Un jour que vous étiez sorti de chez moi en me disant que vous alliez rejoindre un de vos amis, je vous ai suivi jusqu'à la maison où vous alliez, j'ai donné vingt francs au portier, j'ai appris que madame de Lornan demeurait dans cette maison, et que vous veniez chez elle tous les jours. Ce n'est pas plus difficile que cela. C'est alors que j'ai compris que je ne vous aimais pas. Car j'ai fait ce que j'ai pu pour être jalouse, et je ne l'ai pas été.

OLIVIER. — Et comment se fait-il que vous ne m'ayez pas parlé plus tôt de madame de Lornan ?....

SUZANNE. — Pour vous en parler, il eût fallu vous dire de choisir entre cette femme et moi. Comme c'était nouveau pour vous, j'aurais été sacrifiée, mon amour-propre en eût souffert ; je ne le voulais pas.

OLIVIER. — Eh bien, vous vous trompez ; j'allais en effet chez madame de Lornan, mais elle n'était, n'est, et ne sera jamais qu'une amie pour moi.

SUZANNE. — Ceci ne me regarde plus. Vous pouvez aimer d'amour qui vous voudrez, je ne vous demande que votre amitié, me la donnez-vous ?

OLIVIER.—A quoi bon ? puisque vous partez.

SUZANNE. — Au contraire. Les amis sont plus rares et plus précieux de loin que de près.

OLIVIER. — Dites-moi toute la vérité, alors.

SUZANNE. — Quelle vérité ?

OLIVIER. — Pourquoi partez-vous ?

SUZANNE. — Pour partir.

OLIVIER. — Il n'y a pas d'autre raison ?

SUZANNE. — Pas d'autre.

OLIVIER. — Restez, alors.

SUZANNE. — Non, il y a des raisons pour que je ne reste pas.

OLIVIER. — Vous ne voulez pas me les dire ?

SUZANNE. — Demander une confidence en échange de son amitié, ce n'est plus donner son amitié, c'est la vendre.

OLIVIER. — Vous êtes la logique en personne. Et jusqu'à votre départ ?

SUZANNE. — Je reste à la campagne. Je sais que la campagne vous ennuie, c'est pour cela que je ne vous offre pas d'y venir.

OLIVIER. — Très-bien. Ah ! c'est un congé en bonnes formes, et mon rôle d'ami ne sera pas difficile.

SUZANNE. — Plus que vous ne le croyez ; car par le mot amitié je n'entends pas cette banalité traditionnelle que tous les amants s'offrent en se séparant et qui n'est que le denier à Dieu d'une indifférence réciproque. Je veux une amitié intelligente, efficace, synonyme de dévouement et de protection, si besoin est, de discrétion surtout ; vous n'aurez peut-être qu'une fois, et pendant cinq minutes, l'occasion de me prouver cette amitié, mais cela me suffira pour y croire. Est-ce dit ?

OLIVIER. — C'est dit.

LE DOMESTIQUE, (paraissant). — Monsieur Raymond de Nanjac fait demander si monsieur peut le recevoir. Voici sa carte ; il vient de la part de monsieur le comte de Latour, et dit que monsieur l'attend.

OLIVIER. — C'est vrai. Je suis à lui tout de suite.

SUZANNE, au domestique.—Attendez. Voyons cette carte.

OLIVIER. — La voici.

SUZANNE. — C'est bien cela. Monsieur de Nanjac est donc de vos amis ?

OLIVIER. — Je ne l'ai jamais vu.

SUZANNE. — Comment vient-il vous voir ?

OLIVIER.—Il est témoin de monsieur de Latour, qui a eu une querelle avec un de mes amis.

SUZANNE. — Ah ! il y a des hasards bien étranges !

OLIVIER. — Qu'arrive-t-il donc ?

SUZANNE. — Par où sortir sans être vue ?

OLIVIER. — Comme vous êtes agitée ! Vous connaissez donc monsieur de Nanjac ?

SUZANNE. — Il m'a été présenté à Bade ; je lui ai parlé deux ou trois fois.

OLIVIER. — Ah ! je crois que je brûle, comme on dit aux petits jeux. Est-ce que monsieur de Nanjac....

SUZANNE. — Vous rêvez.

OLIVIER. — Heu ! heu !

SUZANNE. - - Puisque vous tenez à ce que monsieur de Nanjac me voie chez vous, faites-le entrer.

OLIVIER. — Pas le moins du monde.

SUZANNE. — Non, faites-le entrer... Au fait, cela vaut mieux.

OLIVIER. — Je ne comprends plus.

LE DOMESTIQUE, annonçant. Monsieur Raymond de Nanjac.

SCENE V.

LES MÊMES, RAYMOND.

OLIVIER, allant au-devant de lui. — Veuillez me pardonner de vous avoir fait attendre un instant, monsieur.

(Raymond s'incline, regarde Suzanne avec étonnement et avec émotion.)

SUZANNE. — Est-ce que vous ne me reconnaissez pas, monsieur de Nanjac ?

RAYMOND. — Il me semblait vous reconnaître, madame ; mais je n'en étais pas sûr.

SUZANNE. — Quand êtes-vous arrivé de Bade?

RAYMOND. — Il y a deux jours, et je comptais avoir l'honneur de vous faire aujourd'hui ma première visite ; mais il se peut que j'en sois empêché par des événements auxquels j'étais loin de m'attendre.

SUZANNE. — Quand il vous plaira me venir voir, monsieur, je vous recevrai toujours avec plaisir. Adieu, mon cher Olivier ; n'oubliez pas ce dont nous sommes convenus.

OLIVIER. — Moins que jamais.

SUZANNE. — Adieu, monsieur ; au revoir, j'espère.

(Elle sort.)

SCENE VI.

OLIVIER, RAYMOND.

OLIVIER. — Je suis tout à vous, monsieur.
(Il lui fait signe de s'asseoir.

RAYMOND, *s'asseyant.* — Mon Dieu, monsieur, l'affaire est bien simple. Monsieur de Latour, un de mes amis....

OLIVIER. — Pardon, monsieur, si je vous interromps ; monsieur de Latour est de vos amis ?

RAYMOND. — Oui, monsieur. Pourquoi cette question ?

OLIVIER. — C'est que quelquefois.... Vous êtes militaire, monsieur ?

RAYMOND. — Oui, monsieur, depuis dix ans.

OLIVIER. — C'est que quelquefois un militaire croit ne pas pouvoir refuser de servir de témoin à une personne qu'il connaît à peine, ou que même il ne connaît pas du tout.

RAYMOND. — C'est vrai, nous refusons rarement ce service ; mais je connais monsieur de Latour, je lui serre la main et le considère comme mon ami. Ne mérite-t-il pas ce titre ?.... Est-ce là ce que vous voulez dire ?

OLIVIER. — Pas le moins du monde, monsieur. Continuez.

RAYMOND. — Eh bien ! monsieur de Latour était avant-hier au soir dans une maison, chez la vicomtesse de Vernières. J'y étais avec lui ; on jouait au lansquenet. Un jeune homme qui se trouvait là, monsieur Georges de Maucroix....

OLIVIER. — Un de mes amis.

RAYMOND. — Monsieur de Maucroix avait la main, je crois que c'est là le terme dont on se sert ; j'ignore toutes les expressions techniques, n'ayant jamais joué.

OLIVIER. — C'est le terme consacré.

RAYMOND. — Monsieur de Maucroix avait déjà passé trois ou quatre fois, et il y avait vingt-cinq louis à faire. Monsieur de Latour tint le coup ; mais comme il avait déjà beaucoup perdu dans la soirée, il se trouvait sans argent, et dit à monsieur de Maucroix qu'il faisait bancot sur parole. A ce mot, monsieur de Maucroix, qui allait retourner ses cartes, les donne à son voisin de droite, en disant : Je passe la main. Monsieur de Latour vit dans ce fait un refus d'accepter sa parole comme argent ; il eut tout lieu de se croire offensé, et demanda une explication à monsieur de Maucroix, qui répondit que l'endroit où ils se trouvaient tous deux n'était pas propre à ce genre d'entretien. Il vous nomma, donna votre adresse, et monsieur de Latour me pria de venir vous demander sur ce fait les éclaircissements que votre ami n'avait pas cru devoir lui donner lui-même.

OLIVIER. — Ces éclaircissements sont bien faciles à donner, monsieur, et je crois que de toute cette affaire, il ne doit résulter pour moi que l'honneur d'avoir fait votre connaissance. Georges n'a pas voulu blesser monsieur de La-

tour ; il a passé la main, comme c'est le droit de tout joueur au lansquenet, quand il ne veut pas risquer de perdre en une fois ce que plusieurs coups lui ont fait gagner.

RAYMOND. — C'était à monsieur de Maucroix de prendre cette décision avant l'engagement de M. de Latour.

OLIVIER. — Il a réfléchi.

RAYMOND. — Il eût tenu le coup contre une autre personne, j'en suis convaincu.... Il eût tenu le coup, si l'argent de monsieur de Latour eût été sur la table.

OLIVIER. — Nous n'en savons rien, monsieur, permettez-moi de vous le dire, nous ne pouvons discuter que le fait visible, et qui est à notre connaissance. Or, j'ai l'honneur de vous répéter ce que monsieur de Maucroix, de la sincérité de qui je ne doute pas un instant, m'a dit lui-même, c'est qu'il n'avait fait que ce qu'il fait très-souvent, que ce que tout le monde fait ; et pour ma part, je sais qu'à la place de monsieur de Latour je n'aurais même pas remarqué cet incident.

RAYMOND. — Il est possible, monsieur, qu'entre gens du monde cela se passe ainsi, mais nous autres militaires....

OLIVIER. — Pardon, monsieur, je ne sache pas que monsieur de Latour soit militaire.

RAYMOND. — Mais, je le suis, moi.

OLIVIER. — Je vous ferai observer, monsieur, qu'il ne s'agit ici ni de vous ni de moi, mais de monsieur de Latour et de monsieur de Maucroix, qui ne sont militaires ni l'un ni l'autre.

RAYMOND. — Mais du moment que monsieur de Latour m'a choisi pour le représenter, je traite la chose comme si elle m'était personnelle.

OLIVIER. — Permettez-moi de vous le dire, monsieur, vous commettez là une erreur : les témoins, j'en conviens, doivent être aussi soucieux de l'honneur de leurs commettants que de leur honneur propre ; mais ils doivent surtout, à mon avis, apporter dans leurs rapports, un esprit de conciliation ou tout au moins d'impartialité qui mette, en cas de malheur, leur responsabilité à l'abri. C'est déjà bien assez de discuter sur des faits, sans rechercher encore les suppositions qu'à la place des intéressés on aurait pu faire. Puis, croyez-le bien, monsieur, il n'y a pas deux sortes d'honneur, un pour l'uniforme que vous portez, un pour l'habit que je porte. Le cœur est le même sous l'un et sous l'autre costume ; seulement la vie des gens me paraît une chose assez sérieuse pour qu'on la discute sérieusement, et ce n'est que lorsqu'il est impossible de faire autrement qu'on doit amener de sang-froid deux hommes sur le terrain. Si vous le voulez, monsieur, nous prendrons un autre rendez-vous, car vous paraissez aujourd'hui, à vous parler franchement, dans une disposition d'humeur un peu irritable, dont votre ami et le mien ne sauraient être solidaires, à moins que, pour quelque cause que j'ignore, puisque c'est la première fois que j'ai l'honneur de me rencontrer avec vous, nous ne soyons nous-mêmes deux adversaires ayant besoin de témoins, au lieu d'être, comme je le croyais, deux témoins chargés de concilier deux adversaires.

RAYMOND. — Vous avez raison, monsieur, c'est une question personnelle qui m'a fait tenir le langage que j'ai tenu. Excusez-moi, et si vous voulez bien me le permettre, je vais vous parler à cœur ouvert.

OLIVIER. — Parlez, monsieur.

RAYMOND. — Je suis très-franc, d'une franchise toute militaire, je vais vous demander d'être franc avec moi.

OLIVIER. — Voyons !....

RAYMOND. — Nous sommes d'honnêtes gens tous deux, nous sommes du même âge, nous sommes du même monde, et, certainement, si je ne vivais pas depuis dix ans, comme un ours, en Afrique, il y a longtemps que nous nous serions rencontrés et que nous serions liés, le croyez-vous ?

OLIVIER. — Je commence à le croire.

RAYMOND. — J'aurais dû vous parler tout de suite comme je le fais, au lieu de me laisser aller à ma mauvaise humeur et de m'attirer la petite leçon que vous m'avez très-spirituellement donnée tout à l'heure. Si j'étais tombé sur un caractère dans le genre du mien, au lieu de tomber sur un homme de sens comme vous, nous en serions à nous couper la gorge, ce qui serait stupide. Voulez-vous donc me permettre de vous faire les questions délicates qu'un ami de dix ans aurait le droit de vous faire, en vous donnant ma parole que tout ce que vous me direz mourra ici ?

OLIVIER. — Je suis prêt !

RAYMOND. — Merci, car cette conservation peut avoir une grande influence sur ma vie.

OLIVIER. — J'écoute.

RAYMOND. — Quel est le nom de la personne qui était ici quand j'y suis entré ?

OLIVIER. — Madame la baronne d'Ange.

RAYMOND. — C'est une femme du monde ?

OLIVIER. — Oui.

RAYMOND. — Veuve ?

OLIVIER. — Veuve.

RAYMOND. — Quelles relations, répondez-moi, monsieur, comme sur l'honneur je vous répondrais si vous me faisiez la question que je vais vous faire, quelles relations existent entre elle et vous ?

OLIVIER. — Des relations d'amitié.

RAYMOND. — Vous n'êtes que son ami ?

OLIVIER. — Je ne suis que son ami.

RAYMOND. — Merci, monsieur ; mais, encore un mot : comment madame d'Ange se trouvait-elle chez vous ? Le seul titre d'amie....

OLIVIER. — N'autorise pas une femme comme il faut à venir chez un homme comme il faut ? Pourquoi pas ? Et ce qui prouve que madame d'Ange ne faisait rien ici dont elle crût devoir se cacher, c'est que, pouvant sortir par cette porte sans être vue, elle s'en est allée ouvertement après avoir causé un instant avec vous.

RAYMOND. — C'est vrai ; mais j'avais besoin de cette explication, et, comme je ne veux pas être en reste de franchise avec vous, je vais tout vous dire. Je suis officier d'Afrique. J'ai été blessé assez grièvement, il y a trois mois, pour demander un congé lors de ma convalescence. Je suis arrivé il y a quinze jours à Bade. J'y ai vu madame d'Ange ; je me suis fait présenter à elle ; elle a produit tout de suite sur moi une très-grande impression, je l'ai suivie à Paris, et je suis amoureux fou d'elle ; elle n'a en aucune façon encouragé cet amour ; elle est jeune, elle est belle ; je me demandais si elle aimait quelqu'un, car sa conduite à Bade était celle d'une femme irréprochable. Vous comprenez alors mon émotion, mon étonnement en la trouvant tout à coup chez vous, mes suppositions, mes craintes toutes naturelles, ma mauvaise humeur dissipée par vos paroles très-sensées, enfin cette explication que je vous ai demandée avec franchise et que vous m'avez donnée avec courtoisie. Nous aurons, monsieur, je l'espère, l'occasion de nous revoir. Comptez-moi dès à présent au nombre de vos amis, et, si jamais je puis vous être bon à quelque chose, disposez de moi.

OLIVIER. — Je vous ai dit tout ce que je devais vous dire, monsieur ; bonne chance.

RAYMOND. — Quant à nos deux adversaires, je crois que l'affaire peut s'arranger.

OLIVIER. — C'est mon avis.

RAYMOND. — Nous dresserons un petit procès verbal de notre conversation. Nous le leur ferons connaître, et tout sera dit.

OLIVIER. — C'est cela, monsieur ; à demain, si vous le voulez. J'aurai l'honneur de passer chez vous ; j'ai là votre adresse sur votre carte ; à la même heure, si elle vous convient.

RAYMOND. — Parfaitement.

OLIVIER. — A demain, alors.

RAYMOND. — A demain, monsieur.

(Ils se serrent la main.)

SCENE VII.

LES MÊMES, HIPPOLYTE.

HIPPOLYTE, *ouvrant la porte.* — On peut entrer ?

Raymond et Hippolyte se saluent ; Raymond sort.

OLIVIER. — Pauvre garçon !

HIPPOLYTE. — Qu'arrive-t-il donc ?

OLIVIER. — Une foule d'histoires, mon cher, sans compter celles que j'entrevois encore.

HIPPOLYTE. — Et l'affaire de monsieur de Maucroix !

OLIVIER. — C'est fini.

HIPPOLYTE. — Tant mieux... Et la dame qui arrivait des eaux ?

OLIVIER. — Toutes mes combinaisons d'avenir dégringolent... Arlequin avait bien arrangé les choses, mais Colombine dérange tout.

HIPPOLYTE. — Cela te fait deux ruptures en un jour.

OLIVIER. — Une avant... une après... Si Titus était à ma place, il pourrait se coucher de bonne heure, il n'aurait pas perdu sa journée.

HIPPOLYTE. — Eh bien! il m'arrvie quelque chose aussi, à moi.

OLIVIER. — Quoi donc?

HIPPOLYTE. — Je viens de recevoir de monsieur de Vernières une invitation ainsi conçue : « Madame la vicomtesse de Vernières prie monsieur Hippolyte Richond de lui faire l'honneur de venir passer la soirée chez elle, mercredi prochain... » Suit l'adresse ; mais, je te donne à deviner ce qu'il y avait au bas de la lettre... Il y avait : « De la part de madame de Santis avec mille compliments.... » Madame de Santis veut me parler de son mari, sans doute.

OLIVIER. — Et qu'as-tu répondu ?

HIPPOLYTE. — Rien encore, mais j'irai.

OLIVIER. — J'irai avec toi.

HIPPOLYTE. — Tu es donc invité aussi ?

OLIVIER. — On est toujours assez invité chez madame de Vernières... Et d'ailleurs il va se faire dans tout ce monde-là un petit travail d'intrigue, que je serai d'autant plus heureux de voir de près qu'on désire certainement que je n'y assiste pas, ou qu'on ne veut me laisser voir que lorsqu'il sera terminé..... As-tu faim ?

HIPPOLYTE. — Oh! oui.

OLIVIER. — Eh bien ! allons dîner.

ACTE DEUXIÈME.

CHEZ MADAME DE VERNIÈRES.

SCÈNE PREMIÈRE.

LA VICOMTESSE, DOMESTIQUE, *puis* SUZANNE.

LA VICOMTESSE *au Domestique*. — Qu'on allume dans le boudoir et dans ma chambre à coucher. La baronne n'arrive pas.

LE DOMESTIQUE, *au moment de sortir*. — Madame la baronne d'Ange.

LA VICOMTESSE. — La voici.

(Le Domestique sort.)

SUZANNE. — Je n'arrive pas d'aussi bonne heure que je l'aurais voulu, ma chère vicomtesse, mais vous savez, quand on habite la campagne, on ne peut pas toujours répondre de son exactitude. Je me suis habillée chez moi, à Paris, mais tout y est encore sens dessus dessous, comcomme après une absence de deux mois. Demain, cependant, tout sera remis en ordre.

LA VICOMTESSE. — Vous n'êtes pas en retard.

SUZANNE. — On est toujours en retard quand on vient rendre un service.

LA VICOMTESSE. — Que c'est aimable à vous de parler ainsi ! Vous avez reçu une lettre, vous ne m'en voulez pas de mon indiscrétion ?

SUZANNE. — Doit-on se gêner entre amis? A charge de revanche. Voici ce que vous m'avez demandé. *(Elle lui remet un billet de banque.)* Si cela ne vous suffit pas...

LA VICOMTESSE. — Merci. Cela me suffira ; mais j'avais besoin de cette somme aujourd'hui même.

SUZANNE. — Pourquoi ne me l'avez-vous pas fait demander hier ?

LA VICOMTESSE. — Jusqu'au dernier moment, 'ai cru me la pouvoir procurer chez l'homme d'affaires de madame de Santis, qui me l'avait promise ; à midi seulement, il m'a dit qu'il ne pourrait pas me la donner. Valentine est très-gênée, aussi, et ce n'était pas le moment d'avoir recours à sa bourse ; et, je puis vous le dire, j'avais reçu du papier timbré ; j'avais à craindre une saisie pour demain, scandale que je veux éviter.

SUZANNE. — Vous avez raison, il faut payer ce soir même l'huissier qui vous poursuit.

LA VICOMTESSE. — Il y en a deux.

SUZANNE. — Alors les huissiers qui vous poursuivent.

LA VICOMTESSE. — Je vais envoyer ma femme de chambre.

SUZANNE. — Ne mettez donc pas vos gens dans la confidence de ces choses-là.

LA VICOMTESSE. — Je ne peux pas cependant attendre à demain, ces hommes sont capables de venir de très-bonne heure.

SUZANNF. — Allez-y vous-même.

LA VICOMTESSE. — Et mes invités ?

SUZANNE. — Je ferai les honneurs pour vous; d'ailleurs vous serez de retour avant que la première personne arrive. Qui avez-vous ?

LA VICOMTESSE. — Valentine, un monsieur Richond, qu'elle m'a priée d'inviter, qui est un ami de son mari. Monsieur de Nanjac. Ah! si ce mariage pouvait se faire !... Je compte encore sur vous pour cela, nous serions sauvées, Marcelle, vous, moi, et puis le marquis de Thonnerins. Voilà les personnes sur qui je compte. Je ne sais pas si monsieur de Maucroix et monsieur de Latour viendront, bien que leur affaire ait été arrangée...

SUZANNE. — Vous n'avez pas invité monsieur de Jalin ?

LA VICOMTESSE. — Il ne vient jamais.

SUZANNE. — Le marquis de Thonnerins vous a-t-il fait dire qu'il viendrait ?

LA VICOMTESSE. — Il n'a rien répondu, c'est qu'il viendra.

SUZANNE. — Eh bien, allez faire vos courses, je vous attends.

LA VICOMTESSE. — Je monte dans ma voiture et je suis ici dans vingt minutes. Vous allez bien vous ennuyer ; si je n'emmenais pas Marcelle ? elle n'a peut-être pas besoin de m'accompagner ?...

SUZANNE. — Qu'a-t-elle donc à faire là-dedans?

LA VICOMTESSE. — Je vais vous dire : comme mes affaires sont très-embrouillées, il y a des petites choses que je ne pourrais sauver qu'en les mettant sous le nom d'une autre personne. Marcelle, à qui sa mère a laissé un petit bien, dont j'étais tutrice, peut à ce titre revendiquer ce qui m'appartient encore, puisque c'est légalement sa seule garantie ; cela me mettra toujours un peu à l'abri de nouvelles poursuites, mais il faudra peut-être faire signer quelque chose à Marcelle...

SUZANNE. — Emmenez-la, alors.

LE DOMESTIQUE, *annonçant.* — Monsieur le marquis de Thonnerins.

SUZANNE. — Je vais causer avec le marquis en vous attendant.

LA VICOMTESSE. — C'est cela ; moi, je me sauve ; si je le reçois, je ne pourrai plus m'échapper. Parlez-lui de Marcelle et de monsieur de Nanjac, il peut nous être utile. Je reviens.

(Elle sort. Le Marquis entre.)

SCENE II.

SUZANNE, LE MARQUIS.

LE MARQUIS. — Qui donc fais-je sauver ?

SUZANNE. — La maîtresse de la maison, qui a une petite course à faire ; mais elle va être de retour dans un instant.

LE MARQUIS. — Alors il est bien probable que je ne la verrai pas.

SUZANNE. — Vous ne passez donc pas la soirée avec nous ?

LE MARQUIS. — Non, je n'ai que très-peu de temps à moi. Ma fille est revenue de la campagne, et je dois la mener aujourd'hui chez ma sœur. Je ne suis même venu que parce que vous m'avez écrit.

SUZANNE. — Je désirais vous parler et je ne voulais pas vous faire venir à la campagne, c'eût été abuser... Mademoiselle de Thonnerins se porte bien ?

LE MARQUIS. — Très-bien.

SUZANNE. — Vous ne me la montrerez donc ja-mais ? Je serais cependant bien désireuse de la voir de loin, car vous ne me l'amèneriez pas.

LE MARQUIS. — Vous m'avez déjà fait cette demande, ma chère Suzanne ; nous nous sommes expliqués sur ce sujet, je crois donc inutile d'y revenir. Vous avez à me parler, je vous écoute.

SUZANNE. — Vous m'avez dit que, quoi qu'il arrivât, je vous trouverais toujours disposé à me rendre service.

LE MARQUIS. — Je vous le répète.

SUZANNE. — Mais d'un ton si froid aujour-d'hui que je ne sais s'il ne sera point indiscret à moi de compter sur votre promesse.

LE MARQUIS. — Je ne crois pas vous avoir jamais rien promis que je n'aie tenu. Je vous parle sur le ton qui convient à mon âge; le moment est venu où je dois me souvenir que je n'ai plus vingt ans, ni même quarante ; je ne dois plus être, sous peine de ridicule, que ce que je suis réellement, un vieillard heureux d'être utile, si cela lui est possible, à ceux qu'il a pu ennuyer quelquefois et qui ont eu la générosité de ne pas le lui faire sentir.

SUZANNE. — Alors je vous répondrai sur le même ton. Je vous dois tout, monsieur le marquis ; vous pouvez l'oublier, vous qui êtes le bienfaiteur, je ne l'oublierai jamais, moi qui suis l'obligée. Vous pouviez n'avoir pour moi qu'une fantaisie passagère, vous m'avez honorée d'un peu d'amour.

LE MARQUIS. — Suzanne!...

SUZANNE. — Je n'étais rien, vous m'avez faite quelque chose ; c'est par vous que j'ai ma place dans un monde qui est une déchéance pour les femmes parties d'en haut, mais qui est un sommet pour moi qui suis partie d'en bas. Mais, vous le comprendrez facilement, la position que vous m'avez faite, bien que je n'eusse jamais osé y prétendre, du moment qu'elle existe, a dû faire naître en moi certaines ambitions qui en étaient la conséquence inévitable. Au point où j'en suis il faut ou que je retombe plus bas que je n'étais, ou que je monte jusqu'en haut. Le mariage seul peut me donner ce qui me manque.

LE MARQUIS. — Le mariage ?

SUZANNE. — Oui.

LE MARQUIS. — Vous êtes ambitieuse.

SUZANNE. — Ne me découragez pas. Je m'étais dit, comme vous vous le dites en ce moment, que c'était chose impossible, car il me fallait trouver un homme assez confiant pour croire en moi, assez noble pour m'imposer au monde, assez brave pour me défendre, assez amoureux pour me donner toute sa vie, assez jeune, assez distingué, assez beau pour qu'il pût se croire aimé, pour que je l'aimasse.

LE MARQUIS. — Et vous l'avez trouvé ce mari assez confiant, assez noble, assez amoureux ?

SUZANNE. — Oui.

LE MARQUIS. — Et il est assez jeune pour se croire aimé ?

SUZANNE. — Il est assez jeune pour que je l'aime.

LE MARQUIS. — Vous l'aimez ?

SUZANNE. — Oui. Que voulez-vous ? on n'est pas parfaite.

LE MARQUIS. — Et cet homme vous épousera ?...

SUZANNE. — Je n'ai qu'un mot à dire pour qu'il me demande.

LE MARQUIS. — Pourquoi ne l'avez-vous pas encore dit ?

SUZANNE. — Parce que je voulais vous consulter auparavant. C'était bien le moins.

LE MARQUIS. — Eh bien ! il y a ceci à craindre, que cet homme, séduisant en apparence, ne fasse, luï, une spéculation ; qu'il ne connaisse le passé, et que, vous croyant riche, il ne vous vende un nom qui soit sa seule ressource. Cela s'est vu souvent.

SUZANNE. — Il y a dix ans que cet homme a quitté la France ; il ne connaît rien de ma vie ; s'il en savait la moindre chose, il partirait à l'instant même. Il a vingt ou vingt-cinq mille livres de rente, il n'a donc pas besoin de vendre, et il peut acheter. Quand vous connaîtrez son nom...

LE MARQUIS. — Je ne veux pas, je ne dois pas le connaître. L'intérêt que je vous porte peut aller jusqu'à désirer que vos succès s'accomplissent ; mais il ne peut se faire l'auxiliaire des entreprises de votre cœur, si honorables que soient vos motifs ; et si, par hasard, vous me nommiez quelqu'un que je connaisse, vous me mettriez dans la nécessité ou de tromper un homme d'honneur, ou de vous trahir.

SUZANNE. — C'est bien le moins, en effet, que les honnêtes gens prennent fait et cause les uns pour les autres.

LE MARQUIS. — Et qu'avez-vous résolu ?

SUZANNE. — J'ai résolu de partir, c'est plus prudent ; mais il faut que je sois entièrement maîtresse de ma vie ; il faut que je puisse quitter la France, l'Europe, si telle est ma fantaisie, et n'y plus jamais revenir si besoin est. Aux yeux de mon mari, mon mariage ne doit pas avoir un seul instant l'apparence d'un calcul matériel, il me faut donc une fortune à peu près égale à la sienne, et réalisable en deux heures ; vous êtes mon tuteur, vous seul connaissez ma véritable fortune, quelle est-elle ?

LE MARQUIS. — Vous avez eu jusqu'à présent quinze mille livres de rente.

SUZANNE. — Oui.

LE MARQUIS. — Cela représente un capital de trois cent mille francs à cinq.

SUZANNE. — Et ce capital...

LE MARQUIS. — Vous n'avez qu'à dire un mot à mon notaire, puisqu'il était chargé de vos intérêts, il remettra entre vos mains tous les titres nécessaires.

SUZANNE. — Vous êtes décidément un grand seigneur.

LE MARQUIS. — Je rends mes comptes.

SUZANNE. — Je vous devrai tout, même le bonheur qui va me venir d'un autre.

LE MARQUIS. — Une femme d'esprit ne doit jamais rien à personne.

SUZANNE. C'est un reproche indirect.

LE MARQUIS. — C'est une quittance générale. (Il lui baise la main.) Vous m'excuserez auprès de la vicomtesse. (Il sort.)

SCÈNE III.

SUZANNE, LE DOMESTIQUE, *puis* RAYMOND.

LE DOMESTIQUE, *annonçant.* — Monsieur Raymond de Nanjac.

RAYMOND. — Je sors de chez vous. J'espérais que nous passerions quelques instants ensemble, avant de venir chez la vicomtesse, et je comptais avoir le plaisir de vous y accompagner.

SUZANNE. — Un mot que j'ai reçu de madame de Vernières, me priait de venir plus tôt. Il y avait un service à rendre.

RAYMOND. — Ce serait une excuse si vous en aviez besoin avec moi. C'est avec la vicomtesse que vous causiez quand je suis arrivé ?

SUZANNE. — Non, c'est avec le marquis de Thonnerins.

RAYMOND. — N'a-t-il pas une sœur ?

SUZANNE. — La duchesse d'Haubeney.

RAYMOND. — Ma sœur est très liée avec elle ; et, depuis mon arrivée, elle me tourmente pour me présenter dans cette maison ; mais je m'y suis toujours refusé ; à quoi bon ?

SUZANNE. — Le marquis a une fille charmante.

RAYMOND. — Que m'importe ?

SUZANNE. — Qui aura quatre ou cinq millions de dot.

RAYMOND. Cela m'est fort indifférent, à moi, qui ne compte pas l'épouser.

SUZANNE. — Pourquoi pas ?

RAYMOND. — Comment penserais-je à mademoiselle de Thonnerins ou à toute autre, puisque je vous aime ?

SUZANNE. — Quel enfantillage ! C'est à peine si vous me connaissez.

RAYMOND. — Le jour où l'on voit pour la première fois la femme que l'on aimera, on l'aime ; on l'aimait peut-être déjà la veille, avant de l'avoir rencontrée ; on subit l'amour, on ne le raisonne pas ; il est tout de suite ou il n'est jamais. Il me semble qu'il y a dix ans que je vous aime.

SUZANNE. — Soit ; mais, s'il peut se passer de temps pour naître, l'amour ne saurait s'en passer pour vivre, et sans croire à l'éternité des sentiments subits que nous inspirons, nous voulons cependant, nous autres femmes, croire à leur durée. Or, vous dites que vous m'aimez, et vous repartez dans six semaines, probablement pour ne plus revenir. Ai-je l'air d'une de ces femmes qui ont des caprices d'un mois ? Si vous l'avez pensé, vous me faites injure.

RAYMOND. — Que vous ai-je dit hier ?

SUZANNE. — Des folies... Que vous ne vouliez plus partir... que vous vouliez que je fusse

votre femme... La nuit a passé par là-dessus...
La nuit qui porte conseil.

RAYMOND. — Je ne pars pas.... J'ai envoyé
aujourd'hui ma démission au ministre.

SUZANNE. — Que voulez-vous que je vous dise,
c'est de la démence ; il est impossible que vous
ne regrettiez pas dans un an, dans un mois peut-
être le sacrifice que vous m'aurez fait...... Je
vous parle comme une véritable amie... Son-
gez donc que je suis une vieille femme auprès
de vous... J'ai vingt-huit ans... A vingt-huit
ans, une femme est plus vieille qu'un homme de
trente... C'est à moi d'avoir plus de raison que
vous.

RAYMOND. — Faut-il donc avoir vécu, comme
vous le dites, et avoir usé son cœur aux banali-
tés des amours vulgaires pour avoir le droit de
se donner trente ans ?... Je remercie Dieu, au
contraire, moi, de m'avoir fait dès ma jeunesse,
une vie active qui a conservé toutes mes sensa-
tions intactes et énergiques, pour l'âge où l'homme est véritablement appelé à comprendre l'a-
mour... Vous me traitez comme un enfant...
J'avais dix ans, Suzanne, quand j'ai perdu ma
mère que j'adorais, et si jeune que l'on soit, le
jour où l'on perd sa mère, on devient vieux tout
à coup. Croyez-vous donc que la vie des camps,
les longues journées passées dans les solitudes,
au bord de la mer, la mort affrontée tous les
jours, le souvenir de mes meilleurs amis tombés
autour de moi, n'aient pas hâté ma pensée et ne
m'aient pas fait vivre deux fois mes années ?...
J'ai des cheveux gris, Suzanne, je suis un vieillard, aimez-moi.

SUZANNE. — Si je vous aime et que vous dou-
tiez encore de moi, comme vous l'avez fait quand
vous m'avez vue chez monsieur de Jalin, à qui
j'allais parler de vous, s'il me faut lutter sans
cesse contre vos soupçons, contre votre jalousie,
que deviendrai-je ?...

RAYMOND. — Ce que j'ai dit à Olivier prou-
vait mon amour... Où est l'homme aimant sincèrement, qui acceptera que la femme qu'il aime
puisse être soupçonnée ?... L'amour ne va pas
sans l'estime.

SUZANNE. — C'est vrai ! Et cette jalousie que
je vous reproche, je la comprends, je la ressenti-
rais, je la ressens peut-être. Ce qui me plaît en
vous, c'est la certitude que vous n'avez jamais
aimé... Mais si j'étais votre femme, je voudrais
cacher mon amour et mon bonheur à tous les
yeux... Ce monde où je vis, je ne voudrais même
plus savoir s'il existe, parce qu'il est plein de
femmes plus belles et plus jeunes que moi, que
vous pourriez aimer un jour... Le mariage, tel
que je le comprends, ce serait une solitude éter-
nelle.

RAYMOND. — Suzanne, c'est ainsi que j'aime,
c'est ainsi que je veux être aimé ; nous partirons
quand vous voudrez, dès demain, et nous ne re-
viendrons jamais.

SUZANNE. — Et votre sœur ! que dirait-elle,
mon Dieu ?

RAYMOND. — Elle me dira : Si tu aimes cette
femme, si elle t'aime, si elle est digne de toi,
épouse-la.

SUZANNE. — Mais elle ne me connaît pas,
mon ami ; elle me croit jeune et belle ; elle me
suppose une famille qui deviendrait la sienne.
Elle ne sait, pas que je suis seule sur la terre, et que mon mariage la séparera de vous,
puisque nous devons partir. Si elle savait tout
cela, elle vous donnerait les conseils que je vous
donnais tout à l'heure. Vous l'aimez, vous fini-
rez par la croire.

RAYMOND. — Ma sœur vivra près de nous.
Rien ne l'attache plus à un lieu qu'à un autre.

SUZANNE. — Faites-moi-la connaître d'a-
bord. Je veux lui plaire, je veux gagner son
estime et son affection, je veux que l'idée
lui vienne de faire de moi sa sœur, je veux
qu'elle souhaite cette union au lieu de l'accepter.

RAYMOND. — Tout ce que vous voudrez.

SUZANNE. — Et vos amis auxquels vous irez
demander conseil ?

RAYMOND. — Je n'ai pas d'amis.

SUZANNE. — Monsieur de Jalin.

RAYMOND. — C'est le seul ; mais avouez qu'il
mérite cette amitié. C'est un cœur loyal.

SUZANNE. — Certes. Mais notre réputation
tient à si peu de chose ! Que vous parliez de ce
mariage, et que pour une raison ou une autre, il
ne se fasse pas, dans quelle position fausse et ridicule me trouvé-je ? Si je vous cause jamais un
chagrin, allez le confier à Olivier, mais jusque-
là, gardez notre secret pour vous. Il n'y a de
vrai bonheur que celui que personne ne connaît.

RAYMOND. — Vous avez raison, toujours raison... Mais bien qu'Olivier eût presque droit à
cette confidence, bien que nous nous soyons à
peine quittés pendant ces quatre derniers jours,
il ne m'a pas questionné et votre nom n'a pas
été prononcé une seule fois. N'importe, je ne
dirai rien ni à ma sœur ni à Olivier.... Est-ce
cela ?

SUZANNE. — Oui.

RAYMOND. — Comme je vous aime !

SUZANNE. — Voici quelqu'un.

LE DOMESTIQUE. — Monsieur Olivier de Jalin,
monsieur Hippolyte Richond.

SUZANNE. — Olivier ! que vient-il faire ici ?..

SCENE IV.

LES MÊMES, HIPPOLYTE, OLIVIER.

OLIVIER. — Comment, la vicomtesse n'est pas
là ? Elle appelle cela recevoir ?....

SUZANNE. — La vicomtesse va venir. Une affaire importante....

OLIVIER. — En tout cas, elle ne pouvait
mieux choisir son représentant ; et puisque c'est
vous qui faites les honneurs, baronne, permettez-
moi de vous présenter mon ami, Hippolyte Richond.

HIPPOLYTE. — Madame !....

SUZANNE. — Monsieur....

OLIVIER. — Et vous, mon cher Raymond, comment allez-vous ce matin ?

RAYMOND. — A merveille.

SUZANNE, *à Olivier et à Raymond*. — C'est plaisir de voir si intimes deux hommes qui ne se connaissaient pas il n'y a pas huit jours.

OLIVIER. — Il y a entre les honnêtes gens, ma chère baronne, un lien mystérieux qui les unit avant même qu'ils se connaissent, et qui devient facilement de l'amitié le jour ou ils se rencontrent. Mon cher Raymond, je vous présente un de mes bons amis, puisque j'en ai deux maintenant, monsieur Hippolyte Richond, qui a beaucoup voyagé, qui a visité l'Afrique, et qui pourra en causer avec vous.

RAYMOND. — Ah! monsieur, vous connaissez ce beau pays dont on dit tant de mal !....

(Ils causent.)

OLIVIER, *à Suzanne.* — Je vous croyais à la campagne....

SUZANNE. — J'en suis revenue ce soir.

OLIVIER. — Ah ! qu'est-ce que vous me conterez de neuf ?....

SUZANNE. — Rien absolument.

OLIVIER. — Alors, c'est moi qui vais vous donner des nouvelles.

SUZANNE. — Voyons.

OLIVIER. — Monsieur de Nanjac est amoureux de vous.

SUZANNE. — Vous plaisantez ?....

OLIVIER. — Il ne vous en a rien dit ?....

SUZANNE. — Non.

OLIVIER. — Oh! que c'est curieux !.... Il me l'a dit à moi.

SUZANNE. — Il a pris le plus long alors.

OLIVIER. — Préparez-vous à entendre une déclaration.

SUZANNE. — Vous faites bien de me prévenir.

OLIVIER. — Pourquoi ?....

SUZANNE. — Parce que je vais me hâter de lui faire comprendre qu'il perdrait son temps.

OLIVIER. — Alors, vous n'aimez pas monsieur de Nanjac ?

SUZANNE. — Moi ? quelle idée !....

OLIVIER. — Pas même un peu ?

SUZANNE. — Pas même beaucoup.

OLIVIER. — Ni passionnément, pas du tout, alors ?

SUZANNE. — Pas du tout, comme vous dites.

OLIVIER. — Je me suis joliment trompé, mais je suis bien content de ce que vous me dites.

SUZANNE. — Parce que ?....

OLIVIER. — Je vous conterai cela quand nous serons seuls.

SUZANNE. — Dépêchez-vous, vous savez que je pars.

OLIVIER. — Vous n'êtes pas encore partie.

SUZANNE. — Qui me retiendra ?

OLIVIER. — Moi !....

SUZANNE. — Prenez garde, j'irai demander protection à madame de Lornan.

OLIVIER. — Madame de Lornan ne s'occupe pas de moi. Voilà trois fois que je me présente chez elle et qu'elle ne me reçoit pas.

SUZANNE. — Voulez-vous que j'aille la voir et que je vous réconcilie avec elle ?

OLIVIER. — Vous ?....

SUZANNE. — Oui.

OLIVIER. — Est-ce que vous croyez qu'elle vous recevrait plus que moi ?

SUZANNE. — Peut-être.... On me reçoit quand je veux être reçue.... A votre service.

(Elle s'éloigne.)

OLIVIER, *à lui-même.* — Ceci ressemble à une menace. Nous verrons bien.

SCENE V.

LES MÊMES, LA VICOMTESSE, MAR-
CELLE.

LA VICOMTESSE, *entrant.* — Vous m'excuserez, messieurs.

SUZANNE, *à la Vicomtesse.* — Eh bien ?

LA VICOMTESSE. — Tout est arrangé, merci.

MARCELLE, *à Suzanne.* — Vous allez bien, madame ?

SUZANNE. — Et vous, chère enfant ?

MARCELLE. — Moi, je me porte bien, c'est ennuyeux. Quand une femme se porte toujours bien, personne ne fait plus attention à elle.

SUZANNE. — Je vous ai entendue tousser quelquefois, quand vous aviez passé la nuit.

MARCELLE. — Oh ! cela ne compte pas. Depuis que je me connais, je suis enrhumée. J'aurai eu froid en venant au monde.

LA VICOMTESSE, *à Richond, qu'Olivier lui a présenté, pendant ce temps-là.* — Vous êtes bien aimable, monsieur, de vous être rendu à mon invitation, bien qu'elle fût un peu irrégulière. Madame de Santis, dont vous connaissez le mari...

HIPPOLYTE. — Oui, madame.

LA VICOMTESSE. — Madame de Santis désirait vous parler d'une affaire grave ; elle n'est pas encore installée chez elle; elle m'a fait l'honneur de croire et de me dire que vous viendriez chez moi. Je m'intéresse beaucoup à Valentine, et je désire ardemment que ce qu'elle souhaite se réalise.

HIPPOLYTE. — Si cela ne dépend que de moi, madame, cela se fera.

MARCELLE. — Est-ce que monsieur de Thonnerins n'est pas venu ?

SUZANNE. — Il m'a chargée de l'excuser. Il est venu dire qu'il ne viendrait pas. Sa sœur reçoit aujourd'hui.

MARCELLE. — J'aurais tant voulu le voir !

LA VICOMTESSE. — A propos, monsieur de Nanjac, n'aviez-vous pas promis de m'amener votre sœur ?

RAYMOND. — Oui, madame, mais son deuil

n'est pas fini, et elle est encore un peu souffrante. Dès qu'elle ira mieux, j'aurai l'honneur de vous la présenter.

OLIVIER, *à Raymond.* — Dites-donc ?

RAYMOND. — Quoi ?

MARCELLE. — Monsieur de Nanjac ?

OLIVIER, *à Raymond.* — Tout à l'heure, je vous dirai ce que j'ai à vous dire.

RAYMOND. — Mademoiselle.

MARCELLE, *à Olivier.* — Monsieur Olivier, prêtez-moi monsieur de Nanjac un instant. Je vais vous le rendre. *(A Raymond.)* J'ai à causer avec vous ; mais auparavant, ôtez-moi l'épingle de mon chapeau.

HIPPOLYTE, *à Olivier.* — Cette jeune dame paraît avoir beaucoup d'esprit.

OLIVIER. — C'est une jeune fille.

HIPPOLYTE. — On ne le dirait pas. Elle parle de tout comme une femme.

OLIVIER. — Tu peux même dire comme un homme.

MARCELLE. — Dites-donc, monsieur de Nanjac, vous savez qu'il y a une conspiration contre vous ?

RAYMOND. — Vraiment, mademoiselle ?

MARCELLE. — Oui, on veut que vous m'épousiez.

RAYMOND. — Mais....

MARCELLE. — Oh ! ne faites pas le galant. Vous ne voulez pas plus être mon mari que je ne dois être votre femme. Vous aimez une personne qui vaut bien mieux que moi. Je l'ai deviné ; je n'en parlerai pas. Maintenant que vous n'avez plus rien à craindre, venez avec moi, ma tante croira que vous me faites la cour; cela lui fera plaisir. Il faut faire quelque chose pour ses parents ; mais je suis une bonne personne, et j'ai pris le parti de prévenir les malheureux qui ne savent pas ce qu'on leur ménage. Sur ce, prenez garde d'abîmer mon chapeau ; je n'ai que celui-là, et je crois qu'il n'est pas payé.

(Elle sort avec Raymond.)

LA VICOMTESSE, *à Suzanne.* — Que vous avais-je dit ? Tout va bien.

HIPPOLYTE. — Ce monsieur de Nanjac a l'air d'un homme de cœur.

OLIVIER. — C'est un homme charmant, que j'essayerai de sauver, lui aussi, au risque de m'en repentir plus tard.

LE DOMESTIQUE, *annonçant.* — Madame de Santis.

OLIVIER. — Voilà ton affaire, à toi.

SCENE VI.

VALENTINE, LA VICOMTESSE, MARCELLE, OLIVIER, HIPPOLYTE.

LA VICOMTESSE. — Vous arrivez encore la dernière.

VALENTINE. — Monsieur de Latour ne voulait pas me laisser partir ; j'ai eu toute les peines du monde à m'échapper ; il ne sait pas que je suis ici. Monsieur Richond est-il là ?

LA VICOMTESSE. — Il cause là-bas avec Olivier.

VALENTINE. — Ah ! j'ai le cœur qui me bat.

SUZANNE. — Du courage !

OLIVIER, *s'approchant de Valentine.* — Comment vous portez-vous ?

VALENTINE. — Très-bien, merci.

OLIVIER. — Vous voilà mise aujourd'hui comme une petite bourgeoise. Cela vous va très-bien. Je vais vous présenter mon ami Richond. Puisque vous l'avez fait inviter, c'est pour le connaître, sans doute ?

VALENTINE. — Présentez-le-moi.

OLIVIER, *présentant Hippolyte.* — Monsieur Hippolyte Richond, madame de Santis.

HIPPOLYTE. — Madame.

VALENTINE, *saluant.* — Il y a bien longtemps, monsieur, que je désirais me rencontrer avec vous.

HIPPOLYTE. — Vous êtes bien bonne, madame. J'ai peu habité la France depuis dix ans.

VALENTINE, *après s'être assurée qu'on ne peut l'entendre.* — Voyons, Hippolyte, que comptez-vous faire de moi ?

HIPPOLYTE. — De vous, madame ?

VALENTINE. — Oui !

HIPPOLYTE. — Mais je compte faire de vous ce que j'en ai fait jusqu'à présent.

VALENTINE. — Cependant ma position n'est plus tolérable.

HIPPOLYTE. — Pourquoi ?

VALENTINE. — Vous le demandez ! Il y a dix ans que nous ne nous sommes parlé, pourtant je suis votre femme.

HIPPOLYTE. — Légalement, oui.

VALENTINE. — Vous m'avez aimée.

HIPPOLYTE. — Beaucoup. J'ai failli en mourir ; heureusement je n'en suis pas mort.

VALENTINE. — Et maintenant ?

HIPPOLYTE. — Maintenant, je ne me souviens pas plus de vous et vous m'êtes aussi indifférente que si vous n'existiez pas.

VALENTINE. — Mais vous êtes venu ici sachant m'y voir. Si je vous avais été si indifférente, vous n'y seriez pas venu.

HIPPOLYTE. — Vous vous trompez, je suis venu justement parce que je n'avais rien à craindre de cette rencontre.

VALENTINE. — Alors, vous ne me pardonnerez jamais ?

HIPPOLYTE. — Jamais !

VALENTINE. — Et vous ne me rouvrirez jamais votre maison ?

HIPPOLYTE. — Je le voudrais que je ne le pourrais plus.

VALENTINE. — Ce que l'on m'a dit est donc vrai ?

HIPPOLYTE. — Et que vous a-t-on dit ?

VALENTINE. — Que votre maison était occupée ?

HIPPOLYTE. — Par des gens que j'aime, c'est vrai.

VALENTINE. — Mais que je puis chasser de chez vous.

HIPPOLYTE. — Vous savez bien que le seul de nous deux qui ait le droit de menacer c'est moi; ne l'oubliez plus. Après trois ans de chagrin, de solitude, de désespoir, pendant lesquels, si votre cœur avait trouvé un mot, une larme de repentir, je vous eusse pardonné, car je vous aimais toujours, après trois ans d'une vie misérable, j'ai acquis le droit de vivre comme bon me semble. C'est dans une famille de hasard, c'est dans un ménage d'emprunt, que j'ai trouvé le bonheur que vous n'avez pas cru me devoir. Voilà cependant à quelle position étrange la faute de sa femme peut amener un honnête homme. Je sais tout ce que vous avez fait depuis notre séparation. C'est aujourd'hui seulement que l'idée vous vient de vous rapprocher de moi ; vous avez gaspillé votre fortune dans les dépenses d'une vie oisive et décousue. A bout de ressources, vous vous dites : Voyons, maintenant, si mon mari voudra me reprendre. Depuis que vous êtes là, pas un mot venant du cœur n'est sorti de votre bouche. Non, madame, non, tout est bien fini entre nous, vous êtes morte pour moi.

VALENTINE. — Ainsi, peu vous importe ce que je deviendrai ?

HIPPOLYTE. — Faites ce que bon vous semblera ; je ne vous aime plus, vous ne pouvez pas me rendre malheureux ; je suis un honnête homme, vous ne pouvez pas me rendre ridicule.

VALENTINE. — C'est tout ce que je voulais savoir, c'est vous qui serez cause de tout ce qui arrivera.

HIPPOLYTE. — Adieu alors, car bien certainement nous ne nous reverrons jamais.

SCENE VII.

LES MÊMES, MARCELLE, LA VICOMTESSE.

MARCELLE. *rentrant, à Hippolyte.* — Est-ce que vous vous en allez, monsieur ?

HIPPOLYTE. — Oui, mademoiselle. (*A Valentine.*) Madame !

VALENTINE. — Monsieur.

LA VICOMTESSE. — Vous nous quittez déjà, monsieur Richond ? Ce n'est pas aimable.

HIPPOLYTE. — J'ai promis d'être de retour de bonne heure.

LA VICOMTESSE. — Pourquoi n'avez-vous pas amené madame Richond ?

HIPPOLYTE. — Madame de Santis n'avait engagé que moi.

LA VICOMTESSE. — Je reçois tous les mercredis, monsieur ; quand vous et madame Richond voudrez bien me faire l'honneur de venir prendre une tasse de thé avec nous, je serai heureuse de vous recevoir.

HIPPOLYTE, *à Olivier.* — Je te verrai demain, j'ai à causer avec toi.

(*Il salue et sort.*)

SCENE VIII.

LES MÊMES, *moins* HIPPOLYTE.

MARCELLE. — Ces hommes mariés, on ne peut jamais compter sur eux.

RAYMOND, *à Olivier.* — Vous vouliez me dire quelque chose tout à l'heure ?

OLIVIER. — Oui.... dites donc, mon cher Raymond, vous ne m'avez plus reparlé de madame d'Ange.... Ce grand amour, qu'est-il devenu ?....

RAYMOND. — j'y ai renoncé.

OLIVIER. — Déjà ?

RAYMOND. — Oui, je perdais mon temps.

OLIVIER. — Et vous en avez pris votre parti tout de suite ?

RAYMOND. — Que faire ?

OLIVIER. — C'est juste.... Savez-vous que vous devenez tout à fait Parisien ?.... Vous êtes plus raisonnable que je ne croyais.... Je vous en félicite, et cela m'encourage à vous donner un avis.

RAYMOND. — Lequel ?

OLIVIER. — Vous avez promis à la vicomtesse de lui amener votre sœur ?

RAYMOND. — Oui.

OLIVIER. — Eh bien ! ne l'amenez pas.

RAYMOND. — Pourquoi donc ?.... La maison de la vicomtesse n'est-elle pas une maison convenable ?

OLIVIER. — Je ne dis pas cela, et la meilleure maison n'a pas meilleure physionomie..... Mais en grattant un peu cette surface, vous allez voir ce qu'il y a dessous.... Ecoutez ! (*Haut.*) Est-ce que nous ne verrons pas monsieur Latour ?

LA VICOMTESSE. — Il m'a écrit pour s'excuser.... Une affaire imprévue....

MARCELLE. — Si celui qui a inventé ces deux mots : Affaire imprévue, avait pris un brevet d'invention, il aurait gagné bien de l'argent.

OLIVIER. — Monsieur Latour ne ment peut-être pas, une fois par hasard il pourrait bien dire la vérité.

MARCELLE. — Qu'est-ce qu'il vous a fait ?.... Vous dites toujours du mal de lui et il ne dit que du bien de vous.

OLIVIER. — Il ne fait que son devoir.

VALENTINE. — C'est un homme charmant, très-convenable, très-élégant, très-bien élevé ; ce n'est pas là un reproche qu'on puisse adresser à tout le monde.

OLIVIER. — Très-bien ! Il a tout pour lui, alors ; car il dépense très-grandement sa fortune....

VALENTINE. — C'est encore vrai.

OLIVIER. — Il est vrai que pour ce qu'elle lui

.coûte.... il joue toutes les nuits et il gagne toujours.

LA VICOMTESSE. — Vous allez peut-être dire qu'il triche.

OLIVIER. — Non, je dis seulement qu'il a du bonheur au jeu, et on n'a pas du bonheur comme on a du ventre, sans le faire exprès.

RAYMOND. — Mon cher Olivier, n'oubliez pas que j'étais le témoin de monsieur de Latour.

OLIVIER. — Que vous aviez connu à Bade, à la table d'hôte des bains. Vous êtes un honnête homme, mon cher Raymond, et vous croyez que tout le monde est comme vous, c'est dangereux. Mais moi, je n'aurais jamais consenti au duel que monsieur de Latour avait l'air de chercher.

SUZANNE. — Allez-vous dire qu'il n'est pas brave? Il a eu son premier duel à dix-huit ans et il a tué son adversaire.

LA VICOMTESSE. — C'est bien entrer dans la vie.

OLIVIER. — Dans la vie des autres. Je n'attaque pas le courage de monsieur de Latour, je dis seulement qu'un homme d'honneur comme monsieur de Maucroix ne doit pas plus se battre avec monsieur de Latour qu'un homme d'honneur comme monsieur de Nanjac ne doit lui servir de témoin.

SUZANNE. — Voyons, mon cher Olivier, monsieur de Latour vaut monsieur de Maucroix.

OLIVIER. — Non; car monsieur de Latour, qui se fait appeler comte, est fils d'un petit usurier du Marais qui lui a laissé une cinquantaine de mille francs, avec lesquels monsieur son fils se fait, grâce au jeu, un revenu de quarante mille francs par an.

VALENTINE. — Allons donc.... il est d'une très-bonne famille.

OLIVIER. — De laquelle, donc?

VALENTINE. — Il descend des Latour d'Auvergne.

OLIVIER. — Il descends des Latour prends garde, tout au plus.

MARCELLE. — Allons, le mot n'est pas mal.

OLIVIER. — Je m'étonne que les femmes qui se disent des femmes du monde....

LA VICOMTESSE. — Qui en sont, mon cher.

OLIVIER. — Qui en sont, si vous voulez, reçoivent aussi facilement un homme que personne ne reçoit, et qui finira par faire partir de chez elles tous les hommes comme il faut. Je suis sûr que si monsieur de Bryade, monsieur de Bonchamp, tous ces messieurs, comme les appelle madame de Santis, ne sont pas venus aujourd'hui chez la vicomtesse, c'est qu'ils craignent d'y rencontrer monsieur de Latour.

LA VICOMTESSE. — En voilà assez sur ce sujet.

OLIVIER. — Madame de Santis! madame de Santis!

VALENTINE. — Eh bien?

OLIVIER. — Votre appartement de la rue de la Paix est-il terminé?

VALENTINE. — Que vous importe? Je ne crois pas que vous y veniez souvent.

OLIVIER. — Merci.... Et votre mari?

VALENTINE. — Mon mari?

OLIVIER. — Il est terminé, lui, je le sais bien.... Mais mon ami Richond vient de vous donner de ses nouvelles. Mordra-t-il à la réconciliation et payera-t-il le satin de Chine bleu et la brocatelle jaune?

VALENTINE. — Mon mari? il va entendre parler de moi.

OLIVIER. — Cela va lui faire bien plaisir.

VALENTINE. — Je vais lui faire un procès, à mon mari.

OLIVIER. — C'est une idée, ça. Reste à savoir si elle est bonne. Et pourquoi ce procès?

VALENTINE. — Vous le verrez. J'en sais de belles sur mon mari, et mon avocat l'arrangera bien. Je suis sa femme, après tout.

OLIVIER. — A votre avocat?

VALENTINE. — Mon cher, vous avez de l'esprit une fois par semaine. C'était hier votre jour; taisez-vous.

OLIVIER. — Savez-vous que ce n'est pas mal du tout ce que vous venez de dire là?

MARCELLE. — Laissez dire, ma chère Valentine. Vous êtes dans votre droit, vous gagnerez votre procès; c'est moi qui vous le dis. Vous ne parlez plus, monsieur Olivier.

OLIVIER. — Non, mademoiselle, du moment que vous parlez. Je ne parle que des choses que je connais, moi, et comme je ne me connais ni en dînettes, ni en poupées, je ne cause pas avec les petites filles.

MARCELLE. — C'est pour moi que vous dites cela?

OLIVIER. — Oui, mademoiselle.

MARCELLE. — Je parle des choses dont vous parlez. Quand les grandes personnes parlent de certaines choses devant les petites filles, les petites filles ont le droit de se mêler à la conversation. D'ailleurs je ne suis plus une petite fille.

OLIVIER. — Qu'êtes-vous donc, mademoiselle?

MARCELLE. — Je suis une femme.

OLIVIER. — On me l'avait dit, mademoiselle; mais, par respect pour vous, je ne voulais pas le croire.

MARCELLE. — Monsieur!....

VALENTINE. — Cela m'aurait étonné que vous n'eussiez pas fini par une impertinence.

LA VICOMTESSE, emmenant Marcelle. — Vous allez trop loin, monsieur de Jalin, cette enfant ne vous a rien fait. Si, une autre fois, vous avez besoin de dire des choses désagréables à quelqu'un, quand vous serez chez moi, c'est à moi, mais à moi seule, qu'il faudra les dire. Viens, Marcelle. Nous accompagnez-vous, monsieur de Nanjac?

RAYMOND. — Je suis à vous tout de suite.

(Elles sortent.)

SCENE IX.

RAYMOND, OLIVIER.

OLIVIER. — Vous avez entendu, mon cher Raymond ; amènerez-vous votre sœur chez madame de Vernières ?

RAYMOND. — Ainsi, tout ce que vous avez dit est vrai ?

OLIVIER. — Tout ce qu'il y a de plus vrai.

RAYMOND. — Ce monsieur de Latour ?

OLIVIER. — Est un chevalier d'industrie.

RAYMOND. — Cette madame de Santis ?

OLIVIER. — Est une créature sans cœur et sans esprit, qui déshonorerait le nom de son mari si son mari ne lui avait défendu de porter son nom.

RAYMOND. — Et mademoiselle de Sancenaux ?

OLIVIER. — Est une fille à marier, qui est le produit naïf du monde dans lequel nous sommes.

RAYMOND. — Mais dans quel monde sommes-nous donc ? Car, en vérité, je n'y comprends rien.

OLIVIER. — Ah ! mon cher, il faut avoir vécu comme moi depuis longtemps dans l'intimité de tous les mondes parisiens pour comprendre les nuances de celui-ci, et, encore, ce n'est pas facile à expliquer. Aimez-vous les pêches ?

RAYMOND. — Les pêches, oui !

OLIVIER. — Eh bien ! entrez un jour chez un marchand de comestibles, chez Chevet ou chez Potel, et demandez-lui ses meilleures pêches. Il vous montrera une corbeille contenant des fruits magnifiques posés à quelque distance les uns des autres et séparés par des feuilles, afin qu'ils ne puissent se toucher ni se corrompre par le contact ; demandez-lui le prix, il vous répondra : vingt sous la pièce, je suppose ; regardez autour de vous, vous verrez bien certainement dans le voisinage de ce panier un autre panier rempli de pêches toutes pareilles en apparence aux premières, seulement plus serrées les unes contre les autres et ne se laissant pas voir sur tous leurs côtés, et que le marchand ne vous aura pas offertes.... Dites-lui : Combien celles-ci ? Il vous répondra : Quinze sous. Vous lui demanderez tout naturellement pourquoi ces pêches, aussi grosses, aussi belles, aussi mûres, aussi appétissantes, coûtent moins cher que les autres ? Alors il en prendra une au hasard, le plus délicatement possible, entre ses deux doigts, il la retournera, et vous montrera un tout petit point noir qui sera la cause de son prix inférieur. Eh bien ! mon cher, vous êtes ici dans le panier de pêches à quinze sous. Les femmes qui vous entourent ont toutes une faute dans leur passé, une tache sur leur nom ; elles se pressent les unes contre les autres pour qu'on le voie le moins possible ; et avec la même origine, le même extérieur et les mêmes préjugés que les femmes de la société, elles se trouvent ne plus en être, et composent ce que nous appelons le demi-monde, qui n'est ni l'aristocratie ni la bour-geoisie, mais qui vogue comme une île flottante sur l'océan parisien, et qui appelle, qui recueille, qui admet tout ce qui émigre, tout ce qui se sauve de l'un de ces deux continents, sans compter les naufragés de rencontre, et qui viennent on ne sait d'où.

RAYMOND. — Où vit particulièrement ce monde ?

OLIVIER. — Partout, indistinctement ; mais un Parisien le reconnaîtra bien vite.

RAYMOND. — A quoi le reconnaîtra-t-il ?

OLIVIER. — A l'absence des maris. Il est plein de femmes mariées dont on ne voit jamais les maris.

RAYMOND. — Mais d'où vient ce monde étrange ?

OLIVIER. — Il est de création moderne. Autrefois l'adultère comme nous le comprenons n'existait pas. Les maris étaient beaucoup plus faciles, et il y avait, pour définir la chose que représente aujourd'hui le mot adultère, un autre mot beaucoup plus trivial, dont Molière s'est servi souvent et qui ridiculisait plus le mari qu'il ne condamnait la femme ; mais depuis que les maris armés du code ont eu le droit d'écarter du sein de la famille la femme qui oubliait les engagements pris, une transformation s'est opérée dans les mœurs conjugales qui a dû créer un monde nouveau ; car toutes ces femmes compromises, séparées, répudiées, que devenaient-elles ?.... La première qui s'est trouvée dans ce cas-là a été cacher sa honte et pleurer sa faute dans la retraite la plus sombre qu'elle a pu trouver ; mais la seconde s'est mise à la recherche de la première, et, quand elles ont été deux, elles ont appelé un malheur ce qui était une faute, une erreur ce qui était un crime, et elles ont commencé à s'excuser et à se consoler l'une l'autre ; quand elles ont été trois, elles se sont invitées à dîner ; quand elles ont été quatre, elles ont fait une contredanse. Alors autour de ces femmes sont venues se grouper les jeunes filles qui ont débuté dans la vie par une faute, — les fausses veuves, les fausses femmes mariées qui portent le nom de l'homme avec qui elles vivent ; quelques-uns de ces vrais ménages qui ont fait leur surnumérariat dans une liaison de plusieurs années ; enfin toutes les fausses positions de femmes qui veulent faire croire qu'elles ont été quelque chose, et ne veulent pas paraître ce qu'elles sont. A l'heure qu'il est, ce monde irrégulier fonctionne régulièrement, et cette société bâtarde est charmante pour les jeunes gens. L'amour y est plus facile qu'en haut et moins cher qu'en bas. Mais les jeunes gens retournent de temps en temps vers les courtisanes, qui apprennent bien vite de leur indiscrétion ou de leur rancune les histoires de ces dames, qui les enjolivent, les racontent, et crient alors en plein souper, en citant des noms jadis honorables, cette phrase devenue traditionnelle pour les imbéciles : « Vous voyez bien que les femmes du monde ne valent pas mieux que nous ! »

RAYMOND. — Mais ce monde, où va-t-il ?

OLIVIER. — On n'en sait rien. Seulement, sous cette surface chatoyante, dorée par la jeunesse, la beauté, la fortune, sous ce monde de dentelles, de rires, de fêtes, d'amour, rampent des drames sinistres et se préparent de sombres expiations, des scandales, des hommes d'affaires, des ruines, des familles déshonorées, des procès, des enfants séparés de leurs mères, et qui sont forcés de les oublier de bonne heure pour ne pas les maudire plus tard. Puis, la jeunesse s'en va, les courtisans s'éloignent ; alors arrivent du fond du passé, pour s'emparer de l'avenir, les regrets, les remords, l'abandon, la solitude. Parmi ces femmes, les unes s'attachent à un homme qui a eu la sottise de les prendre au sérieux, et elles brisent sa vie comme elles ont brisé la leur ; d'autres disparaissent sans qu'on veuille savoir ce qu'elles sont devenues. Celles-ci se cramponnent à ce monde comme madame de Vernières, et y meurent entre le désir de remonter et la crainte de descendre. Celles-là, soit qu'elles se repentent sincèrement, soient qu'elles aient peur du désert qui se fait autour d'elles, implorent, au nom des intérêts de famille, au nom de leurs enfants, le pardon de leur mari. Des amis communs interviennent ; on fait valoir quelques bonnes raisons. La femme est vieille, elle ne fera plus parler d'elle ; on replâtre tant bien que mal ce mariage en ruine, on rebadigeonne la façade, on va vivre un an ou deux dans une terre ; puis on revient, le monde ferme les yeux et laisse rentrer de temps en temps, par une petite porte, celles qui étaient sorties publiquement par la grande.

RAYMOND. — Comment ! tout cela est vrai ? Si la baronne vous entendait, elle serait enchantée.

OLIVIER. — Pourquoi ?

RAYMOND. — Parce qu'elle m'a déjà dit la même chose.

OLIVIER. — Elle ?

RAYMOND. — Avec moins d'esprit, je l'avoue.

OLIVIER. — Ah ! (A part.) C'est pourtant assez spirituel ce qu'elle a fait là. (Haut.) Mais si la baronne connaît si bien ce monde, pourquoi y vient-elle ?

RAYMOND. — C'est ce que je lui ai demandé ; elle m'a répondu que des amitiés contractées autrefois l'y ramenaient de temps en temps. Madame de Santis, par exemple.... est une amie d'enfance.... puis elle s'intéresse à mademoiselle de Sancenaux, qu'elle voudrait justement tirer de la fausse position où elle est. Cependant, avant peu elle en aura fini avec cette société.

OLIVIER. — Comment ?

RAYMOND. — C'est un secret ; mais d'ici à quinze jours vous apprendrez une grande nouvelle.

SCENE X.

Les Mêmes, MARCELLE.

MARCELLE. — Monsieur de Nanjac, madame d'Ange vous demande ; elle désire vous parler. (Raymond sort.) Ne vous en allez pas, monsieur de Jalin, j'ai à causer avec vous.

OLIVIER. — Mademoiselle.

MARCELLE. — Vous avez été sévère pour moi tout à l'heure ; vous m'avez fait pleurer, que vous avais-je fait ?

OLIVIER. — Rien, mademoiselle.

MARCELLE. — Ce n'est pas la première fois que vous me traitez mal. Je sais que vous avez une mauvaise opinion de moi ; on me l'a dit.

OLIVIER. On vous a trompée.

MARCELLE. — Et cependant, autrefois, vous n'étiez pas ainsi pour moi ; au contraire, vous trouviez souvent une bonne parole à me dire. Je croyais presque à votre amitié. Vous n'étiez pas heureux du côté de votre famille ; vous m'en aviez fait la confidence.... J'avais aussi mes chagrins. Il aurait dû y avoir sympathie entre nous. Pourquoi m'en voulez-vous à présent ? Quelle action peut-on me reprocher ?

OLIVIER. — Cette sympathie d'autrefois, mademoiselle, vous me l'inspirez toujours. Seulement....

MARCELLE. — Oh dites !

OLIVIER. — Eh bien ! il faut qu'une jeune fille soit jeune fille, et ne s'occupe que des choses qui sont à la portée de son âge. Or, il y a des moments où votre conversation m'embarrase. Je ne saurais que vous répondre. J'ai donc quelquefois déploré de vous voir élevée dans un monde comme celui où nous sommes, et de vous entendre parler de choses dont vous parliez tout à l'heure.

MARCELLE. — Alors, votre sévérité était de l'intérêt ; merci. Vous avez raison dans vos reproches ; mais comment faire ? Ce monde où je vis, je ne puis le quitter. Je n'ai plus de père, je n'ai plus de mère. Le langage que je parle est celui que j'entends depuis quatre années.... Peut-être n'est-ce pas un malheur que j'aie vécu dans ce monde ? En voyant tous les jours où une femme peut arriver à la suite d'une première faute, j'ai appris à ne pas commettre cette faute.

OLIVIER. — C'est vrai !

MARCELLE. — Mais cela ne suffit pas, à ce qu'il paraît, pour l'avenir surtout. Eh bien ! puisque vous vous intéressez à moi, monsieur Olivier, je vous demande un conseil.

OLIVIER. — Oh ! parlez, mademoiselle.

MARCELLE. — Une fille comme moi, sans famille, sans fortune, sans autre protection qu'une parente comme madame de Vernières, élevée dans le monde où je me trouve, si elle veut se soustraire aux influences, échapper aux suppositions, résister aux mauvais conseils et au découragement, comment doit-elle s'y prendre ?....

Vous ne répondez rien ?.... Vous pouvez me plaindre, me blâmer même, vous ne pouvez pas me conseiller.... Pourrai-je dire maintenant que je ne suis plus une petite fille ?

OLIVIER. — Pardonnez-moi.

MARCELLE. — Je fais plus que vous pardonner, je vous remercie de m'avoir ouvert les yeux avant qu'il soit trop tard. Seulement, je vous demanderai, quoi qu'il arrive, si vous entendez dire du mal de moi, de me défendre un peu, et je promets, en échange, de trouver le moyen de rester une honnête femme. Je rencontrerai peutêtre un jour un honnête homme qui m'en récompensera. Au revoir, monsieur Olivier.—Au revoir et merci.   (*Suzanne entre.*)

SCENE.

LES MÊMES, SUZANNE.

SUZANNE. — Je vois avec plaisir que la paix est faite.

MARCELLE, *sortant.* — Oui, et j'en suis bien heureuse.

OLIVIER. — Etrange fille !

SUZANNE, *à Olivier.* — Elle vous aime.

OLIVIER. — Moi ?

SUZANNE. — Il y a longtemps.

OLIVIER. — Eh bien ! on apprend tous les jours quelque chose.

SUZANNE. — Ainsi, moi je viens d'apprendre qu'on ne peut pas compter sur votre parole.

OLIVIER. — Parce que ?

SUZANNE. — Parce que vous ne m'avez pas tenu l'amitié que vous m'aviez promise.

OLIVIER. — Qu'ai-je donc fait ?

SUZANNE. — Monsieur de Nanjac vient de me répéter votre conversation.

OLIVIER. — Je n'ai pas parlé mal de vous.

SUZANNE.—Ceci est une subtilité. Dire à monsieur de Nanjac ce que vous lui avez dit, c'eût été lui dire du mal de moi, si, à tout hasard, je n'avais pris les devants.

OLIVIER. — Que vous importe, puisque vous n'aimez pas monsieur de Nanjac ?

SUZANNE. — Qu'en savez-vous ?

OLIVIER. — Vous l'aimez ?

SUZANNE. — Je n'ai pas de comptes à vous rendre.

OLIVIER. — Peut-être.

SUZANNE. — Alors, c'est la guerre ?

OLIVIER. — Va pour la guerre.

SUZANNE. — Vous avez des lettres de moi, je vous prie de me les remettre.

OLIVIER. — Demain, je vous les rapporterai moi-même.

SUZANNE. — A demain, alors.

OLIVIER. — A demain !

<center>~~~~~~~~~</center>

ACTE TROISIÈME.

UN SALON CHEZ MADAME D'ANGE.

SCÈNE PREMIÈRE.

SUZANNE, SOPHIE.

Suzanne. *à Sophie.* — Mon notaire n'est pas encore venu ?

Sophie. — Non, madame.

Suzanne. — Je vais sortir ; si quelqu'un vient, vous prierez de m'attendre.

Sophie. — Mademoiselle de Sancenaux.

Suzanne.—Faites entrer....
            (*Marcelle entre, Sophie sort.*)

SCENE II.

SUZANNE, MARCELLE.

Suzanne. — A quoi dois-je votre bonne visite, chère enfant ?....

Marcelle. — Je ne vous dérange pas ?....

Suzanne. — Vous ne me dérangez jamais. Vous savez que je vous aime, et que je serais heureuse de vous être agréable. De quoi s'agit-il ?....

Marcelle. — Vous pouvez beaucoup pour moi.

Suzanne. — J'écoute.

Marcelle. — vous avez une grande influence sur monsieur de Thonnerins !

Suzanne. — Il veut bien avoir quelque amitié pour moi.

Marcelle. —Il y a quatre ou cinq ans, il avait offert à ma tante de me prendre chez lui et de me faire élever auprès de sa fille, à qui il eût voulu donner une compagne de son âge.

Suzanne. — Il m'a en effet, à cette époque, parlé de cette intention. Votre tante a refusé.

Marcelle. — Malheureusement ! Si elle eût consenti, je ne serais pas maintenant dans la position où je me trouve.

Suzanne. — Que se passe-t-il donc ?

Marcelle. — Je ne veux pas me plaindre de ma tante... Ce n'est pas sa faute si la bien modeste fortune que m'avaient laissée mes parents s'est trouvée peu à peu absorbée par les dépenses de la maison. Si nous comptions, ce serait moi qui lui redevrais encore ; il est des soins et des affections qui se payent pas.... Les ennuis d'argent finissent par aigrir les meilleurs caractères. Nous avons eu hier, après votre départ, une explication un peu amère, quand je lui ai appris que je n'aimais pas monsieur de Nanjac, que je le lui avais dit, et que je ne ferais rien pour être sa femme....

Suzanne. — D'autant plus que vous aimez quelqu'un.

Marcelle. — Peut-être ! A la fin de notre explication, ma tante m'a fait comprendre que si je n'entrais pas dans ses vues, elle ne pourrait plus rien faire pour moi ; et cette nuit, comme je ne dormais pas et que je cherchais les moyens de ne lui plus être à charge, tout en n'acceptant pour moi qu'une position honorable, je me suis souvenue des propositions faites autrefois par monsieur de Thonnerins. Alors j'ai pensé à venir vous trouver, vous si obligeante, et à vous prier de demander au marquis s'il ne voudrait pas faire pour moi aujourd'hui ce qu'il voulait faire il y a quatre ans.... Mademoiselle de Thonnerins ne se mariera pas avant un an ou deux. Elle vit très-seule, je l'aimerai bien, elle m'aimera, j'en suis sûre, et une fois mariée, je ne doute pas qu'elle ne me garde auprès d'elle. Je suis certaine que si vous me protégez, ma petite combinaison réussira, et je vous devrai, sinon une existence brillante, du moins une existence telle que je la désire, indépendante et calme.

Suzanne. — Je verrai le marquis aujourd'hui même.

Marcelle. — Vraiment ?......

Suzanne. — Il faut que je sorte ; je vais aller le voir.

Marcelle. — Oh ! que vous êtes bonne !....

Suzanne. — Donnez-moi une lettre pour lui...

Marcelle. — Je vais rentrer et vous envoyer cette lettre.

Suzanne. — Ecrivez ici, c'est bien plus simple.... Je vais mettre un châle et un chapeau... Préparez votre lettre, apportez-la-moi dans ma chambre.... et attendez la réponse ; je serai de retour dans une heure....　　(*Elle sonne.*)

Marcelle. — Je retournerai pendant votre absence chez ma tante. Je suis sortie avec la femme de chambre, sans la prévenir, et elle pourrait être inquiète.

Suzanne, *au Domestique qui entre.* — Si monsieur de Jalin vient, vous le prierez de m'attendre ainsi que M. de Nanjac... (*Le Domestique sort ; à*

Marcelle.) Il pourrait arriver des visites qui nous retarderaient. Je vous attends.　　(*elle sort.*)

SCENE III.

MARCELLE, puis OLIVIER.

Marcelle. *seule, écrivant.* — J'ai eu là une bonne inspiration.... Que Dieu me protége !... Il me protégera... (*Pendant ce temps Olivier est entré, il considère quelques instants Marcelle en silence.—Celle-ci se lève, cachète sa lettre, et en se retournant voit Olivier.*) Ah !

Olivier. — Je vous ai fait peur, mademoiselle ?

Marcelle — Je ne m'attendais pas à vous voir là tout à coup.

Olivier. — Vous paraissez toute joyeuse ce matin....

Marcelle. — Oui, j'ai au cœur une douce espérance, et je suis aise de vous rencontrer en ce moment, car c'est à vous que je la dois. Depuis hier, l'avenir m'apparaît sous un aspect tout nouveau.

Olivier. — Que vous arrive-t-il donc ?....

Marcelle.—Vous le saurez....Est-ce que je puis avoir des secrets pour vous, mon meilleur ami ?.... A bientôt....

Olivier. — Vous partez déjà ?....

Marcelle.—Je reviendrai dans une heure.... vous serez encore ici ; je dirai à la baronne, que je vais rejoindre, de vous retenir. (*Lui prenant la main.*) Soyez toujours franc comme vous l'avez été hier.... On ne sait pas à combien de gens peut rendre service la franchise d'un honnête homme.　　(*Elle sort.*)

SCENE IV.

OLIVIER, seul.

On arrivera peut-être à définir le cœur de la femme, mais celui qui définira le cœur de la jeune fille sera véritablement fort. — Dieu sait ce que je pensais hier de cette enfant.... Dieu sait ce qu'elle m'inspire aujourd'hui.... (*Tirant les lettres de sa poche.*) en attendant, mettons l'épitaphe sur ce passé mort, et que la terre lui soit légère. (*Ecrivant :*) A madame la baronne d'Ange.... (*Raymond entre.*) Raymond ! diable !.... (*Il remet les lettres dans sa poche.*)

SCENE V.

OLIVIER, RAYMOND.

Olivier.—Tiens c'est vous, mon cher Raymond ! je devais vous rencontrer, je parlais de vous tout à l'heure.

Raymond. — Où donc ?....

Olivier.— Chez le père de de Maucroix, avec qui j'ai déjeuné.... Quand je dis je parlais de vous, je me trompe, il parlait de vous....

Raymond. — Suis-je donc connu de monsieur de Maucroix le père ?....

Olivier. — Personnellement, non ; mais il est lié avec le ministre de la guerre, qui lui a parlé de vous, et comme monsieur de Maucroix sait que je vous connais, et qu'en sa qualité de vieux militaire il s'intéresse à ceux qui, comme vous, portent dignement l'uniforme, il m'a demandé si je savais pourquoi vous aviez donné votre démission au ministre. Je lui ai répondu que, loin de savoir pourquoi, j'ignorais même que cette démission eût été donnée. J'ai ajouté que je doutais de la vérité du fait mais il m'a affirmé tenir la nouvelle du ministre lui-même.

Raymond. — Le fait est vrai, et si je ne vous en ai pas encore parlé....

Olivier. — Vos secrets sont à vous, mon cher Raymond, et mon amitié va jusqu'à l'intérêt, mais elle ne va pas jusqu'à l'indiscrétion. Si vous avez donné votre démission, ce qui est un acte grave, c'est que vous aviez de puissantes raisons, que la sollicitude d'un ami eût inutilement combattues. Vous vous portez bien, du reste ?....

Raymond. — Parfaitement.... Vous me quittez ?....

Olivier. — Oui, la baronne ne rentre pas.

Raymond. — Nous pouvons l'attendre ensemble, si vous voulez.

Olivier. — Je n'ai pas le temps.... j'ai une visite à faire...

Raymond. — Faudra-t-il lui dire quelque chose de votre part ?....

Olivier. — Dites-lui, si vous voulez, que je lui apportais ce qu'elle m'a demandé....

Raymond.—Quelle commission mystérieuse !... Est-ce que vous m'en voulez ?

Olivier. — Et pourquoi, grand Dieu !

Raymond. — C'est tout naturel. Vous avez de l'amitié pour moi, vous avez le droit de vous étonner et même de m'en vouloir si je vous cache quelque chose ; pardonnez-moi, mais on m'avait recommandé le silence.... quelqu'un à qui je ne pouvais pas refuser ce qu'il me demandait ; et non-seulement je ne vous ai pas dit la vérité, mais hier je vous ai fait un petit mensonge : je m'accuse, puis-je mieux faire. Maintenant, je vais tout vous dire, car depuis hier je suis mal à mon aise, j'ai honte de vous avoir trompé.

Olivier. — J'aime autant que vous ne me disiez rien, et je vous en prie même.

Raymond. — C'est là une petite rancune bonne pour les enfants, mais indigne de gens comme nous, mon cher Olivier, d'autant plus qu'aujourd'hui même j'allais passer chez vous, ayant un service à vous demander.

Olivier. — Un service ?....

Raymond. — Je me marie....

Olivier. — Vous !

Raymond. — Moi.

Olivier. — Et vous épousez ?....

Raymond. — Devinez....

Olivier. — Comment voulez-vous que je le devine ?....

Raymond.— Je vous disais bien, la première fois que nous nous sommes vus, que les renseignements que je vous demandais pouvaient avoir la plus grande influence sur ma vie. J'épouse madame d'Ange....

Olivier, — Suzanne.... (*Se reprenant.*) La baronne....

Raymond. — Oui.

Olivier. — Vous plaisantez.

Raymond. — Je ne plaisante pas.

Olivier. — C'est sérieux alors....

Raymond. — Tout ce qu'il y a de plus sérieux....

Olivier. — C'est elle qui a eu l'idée de ce mariage ?

Raymond. — C'est moi....

Olivier. — Ah ! je vous fais mon compliment, mon ami.

Raymond. — Cette nouvelle paraît vous étonner.

Olivier. — J'avoue que je ne m'y attendais pas. Je me doutais bien que, quoique vous ayez voulu me détromper hier, vous étiez toujours amoureux de madame d'Ange. J'avais bien pensé que vous donniez votre démission pour rester le plus longtemps possible auprès d'elle ; mais je n'avais pas supposé un seul instant qu'il pût être question du mariage.

Raymond. — Pourquoi pas ?....

Olivier. — Parce qu'à mon avis, le mariage est une chose grave, et que, quand il s'agit d'engager toute sa vie sur un mot, il faut y réfléchir plus longtemps que vous ne l'avez fait.

Raymond. — Je pense au contraire, cher ami, que lorsqu'on croit rencontrer le bonheur, il faut se hâter de le saisir. Je suis libre, je n'ai pas de famille, je n'ai jamais aimé. J'ai trente-deux ans. Madame d'Ange est libre, elle est veuve, c'est une femme du monde, vous me l'avez dit vous-même ; je l'aime, elle m'aime, nous nous marions, c'est une chose toute naturelle, il me semble.

Olivier. — Oui ! Et quand vous mariez-vous ?....

Raymond. — Dans les délais légaux. Ne parlez pas de ce mariage, la baronne désire qu'il n'en soit pas question ; nous comptons vivre dans la retraite ; elle voulait même se marier loin de Paris. C'est moi qui ai tenu à ce que le mariage ait lieu ici, à cause de vous.

Olivier. — A cause de moi ?

Raymond. — Oui, j'ai besoin d'un témoin pour me marier, et j'ai compté sur votre assistance.

Olivier. — Moi témoin de votre mariage avec la baronne, c'est impossible.

Raymond. — Vous me refusez ?

Olivier. — Je pars demain.

Raymond. — Vous ne m'aviez pas parlé de ce voyage.... Ah ça ! qu'avez-vous, mon cher

Olivier?—Vous avez l'air tout embarrassé depuis quelques instants.

Olivier. — C'est que c'est très-embarrassant.

Raymond. — Qu'y a-t-il?.... parlez....

Olivier.—Voyons, Raymond, êtes-vous bien convaincu que si je vous donnais un conseil dans une situation grave, ce ne pourrait être que pour vous être utile?....

Raymond. — Oui. Eh bien?....

Olivier. — Eh bien! croyez-moi, retardez cette union, puisqu'il en est temps encore.

Raymond. — Que voulez-vous dire?....

Olivier. — Je veux dire que, si amoureux que l'on soit, il est inutile de se marier quand on peut faire autrement.

Raymond. — En vous disant que j'aime madame d'Ange, mon cher Olivier, j'ai probablement oublié de vous dire que je l'estime....

Olivier. — C'est bien, mon cher, n'en parlons plus; au revoir.

— Raymond. — Vous n'attendez pas la baronne?

Olivier. — Non, je reviendrai.

Raymond. — Olivier?

Olivier. — Raymond?....

Raymond. — Vous avez quelque chose sur le cœur.

Olivier. — Rien....

Raymond. — Si....

Olivier.—Dam! mon cher, vous n'êtes pas un homme comme tout le monde.

Raymond—Qu'ai-je donc de particulier?

Olivier. — Il n'y a pas moyen de causer avec vous, vous tournez en mal le bien qu'on vous veut. Au moindre mot, vous prenez feu comme un canon, vous avez des raisonnements de boulet de 48, qui vous cassent bras et jambes, c'est décourageant. Je veux vous donner un conseil d'ami, que je crois de mon devoir de vous donner; vous m'arrêtez net avec une de ces réponses en marbre, comme vous seul, je crois, savez les faire. Nous ne sommes pas familiarisés avec ces caractères tout d'une pièce, nous autres Parisiens, habitués à nous comprendre à demi-mot. Vous me faites peur.

Raymond. — Eh! mon cher, le métier de soldat ne m'a pas ôté tout sens et tout esprit.... Je sais encore que toute situation, c'est là ce que vous voulez dire sans doute, peut avoir deux faces, une sérieuse et une comique; jusqu'à présent j'ai pris la situation au sérieux; si elle est comique, et que je ne la voie pas, c'est la faute de mon expérience, et c'est le droit et le devoir d'un ami de me le montrer, et, croyez-le bien, quand je l'aurai vu, eh! mon Dieu, je serai le premier à en rire.

Olivier. — Vous dites cela, et vous ne ririez pas.

Raymond. — Vous ne me connaissez guère... Il arrive tous les jours qu'un homme se trompe... Eh bien! le jour où on le lui fait voir, ce qu'il a de mieux à faire, c'est d'en prendre gaiement son parti. Tout ou rien. Voilà ma devise....

Olivier. — Votre parole....

Raymond. — Ma parole....

Olivier. — Alors, mon cher, puisqu'il en est ainsi, rions.

Raymond. — J'ai fait fausse route?

Olivier. — Tout bonnement.

Raymond. — Elle ne m'aime pas?....

Olivier.—Un instant...je ne dis pas cela... au contraire, je crois qu'elle vous aime beaucoup. Mais, entre nous, ce n'est pas une raison pour vous marier, car pour elle c'est autre chose. Un mari comme vous.... cela ne se trouve pas tous les jours, et il faut en essayer pas mal avant d'en trouver un.

Raymond. — Et la baronne.... Contez-moi cela, cher ami.

Olivier. — Oh! ce serait bien long. D'ailleurs les affaires des autres ne me regardent pas. Tout ce qu'il m'appartient de vous dire, c'est qu'on n'épouse pas madame d'Ange.

Raymond. — Vraiment?

Olivier.—Il faut arriver d'Afrique pour avoir cette idée-là.

Raymond. — Ah! cher ami! Eh bien! vous me rendez un fier service. Je comprends pourquoi elle voulait que je gardasse le silence sur ce mariage; pourquoi elle voulait se marier loin de Paris; pourquoi elle me disait de me défier de vous.

Olivier. — Elle savait bien que je vous aimais trop pour vous laisser faire une pareille...chose sans vous renseigner un peu.

Raymond. —Savez-vous que cette femme est adroite? Elle s'était complétement emparée de mon esprit et de mon cœur.

Olivier. — Elle est très-séduisante, il faut le reconnaître; ella a un esprit charmant, elle est supérieure à toutes les femmes qui l'entourent, car c'est déjà une supériorité sur elles que de s'être introduite dans leur monde et d'y tenir la place qu'elle y tient... N'épousez pas Suzanne, mais aimez-la, elle en vaut la peine.

Raymond. — Vous en savez quelque chose, vous?

Olivier.— Oh! moi, non.

Raymond. — De la discrétion maintenant.

Olivier.— Il sera bien temps d'en faire.

Raymond.—Ce n'est plus comme la première fois que je vous ai vu; ce jour-là vous avez été discret.

Olivier. — Je vous ai dit la vérité.

Raymond. — Laissez donc!

Olivier. — Ma parole....Vous m'avez dit: Vous n'êtes que l'ami de madame d'Ange?.... Je vous ai dit: Oui, c'était vrai. Je n'étais que son ami. Du reste, je ne vous connaissais pas; vous vous êtes même présenté à moi en homme qui veut tout tuer.... Je n'avais pas de bien bonnes raisons pour m'intéresser à vous.... Je me disais: Voilà un garçon qui est amoureux de la baronne: il est ou il va être son amant. Il repartira dans deux mois avec la conviction qu'il a été aimé d'une femme du monde, et il ira se faire tuer là-dessus. Bon voyage... Mais mainte, nant que j'ai été à même d'apprécier votre cœur votre franchise, votre caractère vous m'apprenez que vous allez lui donner votre nom... Diable !... c'est une autre affaire, et le silence serait une trahison dont vous auriez le droit de me demander compte un jour. Je ne vous cache donc plus rien. Les choses ont suivi, je crois, leur progression naturelle ; vous ne m'en voulez pas ?....

Raymond.—Moi, vous en vouloir, cher ami ? êtes-vous fou ? Croyez-bien, au contraire, que je n'oublierai de ma vie le service que vous me rendez....

Olivier.—Avec les gens amoureux on ne sait jamais à quoi s'en tenir.

Raymond. — Je n'aime plus cette femme.

Olivier.—Mais il est bien entendu que tout ce que je viens de vous dire reste entre nous.

Raymond. —Naturellement. Maintenant, que me conseillez-vous de faire ?

Olivier.—Dam ! ceci vous regarde.

Raymond. — C'est assez embarrassant.... Cependant, au point où en sont les choses, il me faudrait une raison.

Olivier. — Dans ces cas-là toutes les raisons sont bonnes. Au moment décisif vous aurez une inspiration. Du reste, à ce moment-là, elle sera forcée de vous avouer sa position. La raison sera suffisante.

Raymond. — Quelle position ?....

Olivier.—Pour faire une veuve, il faut un mari, un mari mort, c'est vrai... mais un mari mort, c'est plus difficile à se procurer qu'un mari vivant.

Raymond.—Ainsi, elle n'est pas veuve ?

Olivier. — Elle n'a jamais été mariée.

Raymond. — Vous en êtes sûr ?

Olivier. — J'en suis sûr. Personne n'a jamais vu le baron d'Ange... Du reste, si vous voulez des renseignements certains sur elle, allez trouver le marquis de Thonnerins, puisque votre sœur le connaît....En voilà un qui doit en savoir long sur la baronne.... Mais ne me trahissez pas ; ce sont là de ces services qu'on se rend entre amis, mais qu'il est inutile de divulguer. Sur ce, adieu ; j'aime autant qu'elle ne me trouve pas ici, elle se douterait de quelque chose, et il faut qu'elle ignore notre conversation....

Raymond.—Bien entendu. Il est inutile alors que je lui fasse la commission dont vous m'aviez chargé ?

Olivier. — Quelle comission ?

Raymond. — Ne m'aviez-vous pas prié de lui dire que vous lui rapporteriez plus tard ce que vous lui rapportiez ce matin ?

Olivier. -- Ne lui dites rien.

Raymond. — Qu'est-ce que c'était donc encore ?

Olivier. — C'étaient des papiers.

Raymond. —Des papiers d'affaires ?

Olivier. — Oui.

Raymond. — D'affaires d'intérêt ?....

Olivier. — C'est cela. Adieu.

Raymond. -- Aujourd'hui, cher ami, ce n'est pas la première fois que vous me voyez.... Vous avez donc tort de ne pas être franc jusqu'au bout avec moi.... Ces papiers sont des lettres, avouez-le.... (*silence*) voyons ! pendant que nous y sommes. Plus vous m'en direz, mieux cela vaudra.

Olivier. — Eh bien, oui, ce sont des lettres.

Raymond. — Des lettres qu'elle vous a écrites, et qu'en se mariant elle désire ravoir.... Allons, faites bien les choses.

Olivier. — Comment ?....

Raymond. — Prouvez-moi que vous êtes réellement mon ami.

Olivier. — Que faut-il faire ?

Raymond. — Donnez-moi ces lettres.

Olivier. — A vous ?....

Raymond. — Oui.

Olivier. — Vous savez bien que cela ne se peut pas.

Raymond. — Pourquoi ?....

Olivier. — Parce qu'on ne donne pas les lettres d'une femme.

Raymond. — Cela dépend....

Olivier. — De quoi ?

Raymond. — Du point où on en est avec celui qui les demande.

Olivier. — Les lettres d'une femme sont sacrées, quelle que soit la femme.

Raymond. — Il est peut-être un peu tard pour me dire de ces choses-là, mon cher Olivier.

Olivier. — Vous trouvez....

Raymond. — Oui, quand on a commencé une confidence du genre de celle que vous m'avez faite, il faut aller jusqu'à la fin.

Olivier. — Ah ! tenez, mon cher Raymond, je commence à croire que j'ai fait une sottise, et que j'aurais dû me taire.

Raymond. — Parce que ?

Olivier. — Parce que vous n'avez plus envie de rire, parce que vous aimez plus madame d'Ange que vous ne le dites, parce qu'enfin votre gaieté de tout à l'heure n'était qu'un moyen de me faire parler.... Vous êtes plus adroit que je le pensais. Adieu.

Raymond. — Voyons, Olivier, au nom de notre amitié, donnez-moi ces lettres.

Olivier. — Vous me demandez une chose impossible ; je vous le répète, une chose indigne de vous et de moi, cela m'étonne de votre part.

Raymond. — Je vous demande tout simplement la preuve de ce que vous m'avez dit....

Olivier. — Libre à vous d'en douter.

Raymond. — Je ferais pour vous ce que je vous demande de faire pour moi.

Olivier. — Jurez-le-moi sur l'honneur.

Raymond. — Je....

(*Il se tait.*)

Olivier. — Vous voyez bien.

Raymond. — Vous avez raison. Eh bien ! je vous jure sur l'honneur de ne pas lire ces lettres. Donnez-les-moi, je les remettrai moi-même à madame d'Ange.

Olivier. — Non.

Raymond. — Vous doutez de ma parole ?

Olivier. — Dieu m'en garde !

Raymond. — Cependant....

Olivier. — Tenez, Raymond, vous ne me pardonnerez jamais de vous avoir dit la vérité. Moi, je ne puis m'en repentir, car ce que j'ai fait, j'ai cru qu'il était de mon devoir de le faire.... Il n'y avait pas à hésiter entre une complicité tacite à accorder à madame d'Ange et l'avertissement que je vous ai donné. Entre gens comme nous, l'explication que nous avons eue aurait dû suffire ! elle ne suffit pas, prenons que nous n'avons rien dit.... Je suis venu ici pour remettre à madame d'Ange, ou pour lui laisser, si je ne la trouvais pas chez elle (et j'espérais ne pas la trouver), des papiers qui lui appartiennent depuis l'instant où elle me les a redemandés. Les voici sous enveloppe et cachetés. Madame d'Ange n'est pas ici : je dépose ces papiers sur sa table pour qu'elle les trouve en rentrant, et je viendrai dans une demi-heure savoir si elle les a trouvés. Maintenant, mon cher Raymond, faites de la situation ce que bon vous semblera ! J'étais votre ami, je le serai encore tant qu'il vous plaira que je le sois. Adieu, ou au revoir.

(Il sort.)

SCENE VI.

RAYMOND.

Olivier !.... (*Se dirigeant vers les lettres.*) Après tout, le passé de cette femme m'appartient, puisque je lui donne mon nom ! Lisons ces lettres.... (*Les replaçant sur la cheminée.*) Il a raison, c'est impossible !

SCENE VII.

RAYMOND, SUZANNE.

Suzanne, *entrant.* — J'ai été bien longtemps dehors, mon ami.

Raymond. — Non ; d'ailleurs je n'ai pas été seul.

Suzanne. — Qui donc est venu ?

Raymond. — Monsieur de Jalin....

Suzanne. — Pourquoi ne m'a-t-il pas attendue ?

Raymond. — Il n'avait pas le temps, à ce qu'il paraît.

Suzanne. — Reviendra-t-il ?

Raymond. — Oui, dans une demi-heure.... D'où venez-vous, ma chère Suzanne ?

Suzanne. — Oh ! je viens de faire des courses bien ennuyeuses ; mais comme c'est pour vous, je ne me plains pas.

Raymond. — Pour moi ?

Suzanne. — Oui, pour vous, monsieur ; pour être votre femme ne faut-il pas que je mette toutes mes affaires en ordre ?.... Je ne me plaindrais que si vous aviez changé d'idée....

Raymond. — Pas encore.

Suzanne. — Est-ce qu'il y a des chances pour que cela arrive ?

Raymond. — Cela dépendra de vous.

Suzanne. — Alors, je n'ai rien à craindre, vous m'aimez toujours ?

Raymond. — Toujours.... plus encore que vous ne pouvez le croire.... voyons, Suzanne, vous venez ?....

Suzanne. — Je viens de chez mon notaire. Il faut bien que mon mari connaisse l'état de ma fortune.

Raymond. — Passons.

Suzanne. — Je viens de lever mon acte de naissance ; vous voyez, je ne vous ai pas trompé, je suis une vieille femme, j'ai vingt-huit ans, il n'y a pas à s'en dédire. (*Lisant.*) « Une enfant du sexe féminin, née le quatre février mil huit cent dix-huit, à onze heures du soir ; fille de Jean-Hyacinthe comte de Berwach et de Joséphine-Henriette de Crousserolles, son épouse.... » Ah ! je suis de bonne famille ! et voilà tout ce qui reste des deux premières amours de ma vie, un morceau de papier presque illisible, un acte officiel, froid et sec comme l'épitaphe d'une tombe. Voici mon contrat de mariage. Je n'était pas bien gaie ce jour-là, mon cher Raymond, car je n'aimais pas mon mari, j'obéissais à ma famille. Du reste, je n'ai rien à reprocher au baron.... Il a été pour moi aussi bon que possible ; c'était un homme de la bonne souche, dernier rejeton d'une famille éteinte aujourd'hui. Enfin, voici l'acte de décès de mon mari, c'est-à-dire mon droit de vous aimer à la face de tous. Comme vous le voyez, je suis veuve depuis huit ans. Voilà le passé en règle, ne nous occupons plus que de l'avenir : Qu'avez-vous donc ? Vous paraissez tout préoccupé.

Raymond. — Voulez-vous me confier ces papiers ?

Suzanne. — Gardez les, mais ne les perdez pas.

Raymond. — Soyez tranquille, je les joindrai aux miens dès que je les aurai reçus. Voilà tout ce que vous avez fait ce matin ?

Suzanne. — Je suis allée voir mon tuteur, le marquis de Thonnerins, pour mademoiselle de Sancenaux, tenez, qui m'a priée de lui demander quelque chose ; je n'ai pas réussi, j'en suis très-contrariée, la pauvre enfant va venir chercher la réponse, je ne sais comment la lui donner.

Raymond. — Il y a un moyen.

Suzanne. — Lequel ?

Raymond. — C'est de lui écrire avant qu'elle vienne. N'est-ce pas là le moyen qu'on emploie pour les mauvaises nouvelles ?

Suzanne. — Oui, mais c'est si ennuyeux d'écrire.

Raymond. — C'est selon, aux gens qu'on aime, par exemple.

Suzanne. — Ah ! cela, c'est autre chose.

Raymond. — Et cependant vous ne m'avez jamais écrit.

Suzanne. — Je vous voyais tous les jours, que vous aurais-je écrit ? D'ailleurs, vous n'y perdez pas, j'ai une écriture affreuse, de véritables pattes de mouches.

Raymond. — Nous allons voir cette vilaine écriture.

Suzanne. — Si vous étiez bien aimable, vous écririez cette lettre à Marcelle.

Raymond. — Il vaut mieux que vous l'écriviez, c'est plus convenable.

Suzanne. — Vous y tenez.

Raymond. — Oui.

Suzanne. — Allons ! (*Elle écrit.*) « Ma chère » enfant !.... » Ah ! la mauvaise plume ! « J'ai » été voir monsieur de Thonnerins, comme je » vous l'avais promis, mais je n'ai pas trouvé » notre vieil ami dans les dispositions où j'espé- » rais le trouver. » (*A Raymond qui suit des yeux ce qu'elle écrit.*) C'est illisible, n'est-ce pas ?

Raymond. — A peu près. Voulez-vous me donner ce commencement de lettre ?

Suzanne. — Pourquoi faire ?

Raymond. — Donnez-le-moi.

Suzanne. — Le voici.

Raymond, *après avoir attentivement regardé la lettre.* Ma chère Suzanne, j'ai oublié de vous dire que monsieur de Jalin a laissé un petit paquet pour vous.

Suzanne. — Ah ! qui contient ?

Raymond. — Des lettres.

Suzanne. — Des lettres ? quelles lettres ?

Raymond. — Des lettres que vous avez demandées.

Suzanne. — Moi ?

Raymond. — Vous-même.

Suzanne. — Des lettres de qui ?

Raymond. — De vous !

Suzanne. — De moi, je ne comprends pas du tout. Où sont ces lettres ?

Raymond. — Les voici.

Suzanne. — Donnez.

Raymond. — Pardon, ma chère Suzanne, je vous demanderai la permission de décacheter ce paquet.

Suzanne. — Est-ce à moi que M. de Jalin apportait ces lettres ?

Raymond. — Je vous l'ai déjà dit.

Suzanne. — Alors décachetez, lisez si bon vous semble, ce qui est à moi est à vous. Si vous désiriez voir quelque chose dans ces lettres, vous n'aviez même pas besoin d'attendre mon retour ; seulement je vous demanderai, quand vous aurez vu ce que vous voulez voir, de m'expliquer ce que tout cela signifie, car, pour moi, je n'y comprends absolument rien.

Raymond. — Je vous expliquerai tout, je vous le promets, ou plutôt nous nous expliquerons. (*Il décachette le paquet et prend une lettre qu'il lit et compare à celle de Suzanne à Marcelle.*) Suzanne. — Eh bien ?

Raymond. — Suzanne, on se joue de quelqu'un ici.

Suzanne. — De moi, sans doute, car je veux mourir si je devine un mot de cette énigme.

Raymond. — Voyez ces lettres.

Suzanne. — Ce sont des lettres de femmes.

Raymond. — Lisez-les.

Suzanne, *parcourant les lettres.* Ce sont des lettres d'amour ou à peu près, car les expressions n'en sont pas bien tendres. Cependant, elles peuvent passer pour des lettres d'amour. Après ?

Raymond. — Vous ne savez pas qui a écrit ces lettres ?

Suzanne. — Comment voulez-vous que je le sache, elles ne sont pas signées ?

Raymond. — Ainsi ces lettres ne sont pas de votre écriture ?

Suzanne. — Comment, de mon écriture ? Est-ce que vous devenez fou ? Est-ce que mon écriture ressemble à celle-ci ? Je le voudrais cependant ; cette femme écrit très-bien.

Raymond. — Alors pourquoi ce mensonge d'Olivier, et cet air de vérité surtout ?

Suzanne. — Quel mensonge ? Voyons, qu'est-ce que tout cela signifie ? Monsieur de Jalin vous a dit que ces lettres sont écrites par moi ?

Raymond. — Oui.

Suzanne. — Mais alors, monsieur de Jalin aurait été mon amant ?

Raymond. — Il paraît.

Suzanne. — Il vous l'a dit ?

Raymond. — Il me l'a laissé entendre.

Suzanne. — Après avoir affirmé le contraire, qu'est-ce que cette mauvaise plaisanterie ?

Raymond. — Monsieur de Jalin ne plaisantait pas.

Suzanne. — Il s'est moqué de vous. Vous lui avez fait un mensonge hier. Il s'en est aperçu, il a pris sa revanche aujourd'hui. Je connais monsieur de Jalin depuis plus longtemps que vous ; je le sais incapable d'une lâcheté, et ce dont vous l'accusez en est une ; il m'a fait la cour, j'ai là des lettres de lui, je pourrais vous les montrer ; je crois qu'il voit avec déplaisir que je me marie, parce que ce mariage lui fait perdre toute espérance ; mais de là à vouloir empêcher ce mariage par une calomnie il y a loin, et je ne sais pas ce qui s'est passé, mais je déclare monsieur de Jalin incapable d'une pareille action.

Raymond. — Nous verrons bien.

Suzanne. — Vous doutez.

Raymond. — C'est une affaire à régler entre lui et moi. Vous allez me jurer que rien de ce que m'a dit monsieur de Jalin n'est vrai.

Suzanne. — Un serment ! ah ! il y a autre chose qu'une plaisanterie, qu'une calomnie de monsieur de Jalin, il y a une trahison de votre part.

Raymond. — Une trahison !

Suzanne. — Oui, vous regrettez déjà les engagements que vous avez contractés hier avec moi ; mais il était bien plus simple de me le dire franchement que d'appeler à votre aide un pareil

moyen, qui fait plus d'honneur à votre ingénio-
sité qu'à votre délicatesse.

Raymond. — Vous m'accusez d'une infamie,
Suzanne.

Suzanne. — De quoi m'accusez-vous donc ?

Raymond. — Monsieur de Jalin va venir,
nous nous expliquerons devant lui.

Suzanne- — Comment, il vous faut l'autorisa-
tion de monsieur de Jalin pour croire à mon
honneur ? Je vais vous faire dire par monsieur
de Jalin qu'il n'a pas été mon amant, et vous ne
me croirez qu'à cette condition ! Pour qui me
prenez-vous donc ? Je vous aimais, Raymond,
mais, je vous l'avoue, votre caractère soupçon-
neux et jaloux m'effrayait, de là mes hésitations
à devenir votre femme. Cependant je croyais au
moins que vous m'estimiez. Je ne veux pas rechercher les raisons ni les causes de ce qui vient
d'avoir lieu; vous m'avez soumise à une épreuve
humiliante pour mon amour et pour ma dignité,
vous avez douté de moi, tout est fini entre nous.

Raymond. — Mais ma jalousie est une preuve de mon amour. Je vous aime tant Suzanne !

Suzanne. — Je ne veux pas être aimée ainsi.

Raymond. — Je vous jure....

Suzanne. — Assez !

Raymond. — Suzanne !

Sophie, *entrant.* — Mademoiselle de Sancenaux demande si madame est visible.

Suzanne. — Oui, faites entrer.

Raymond. — Je ne vous quitte pas.

(Marcelle entre.)

SCENE VIII.

Les Mêmes, MARCELLE.

Marcelle. — C'est moi, madame.

Suzanne. — Vous êtes la bienvenue, chère
enfant. (*A Raymond.*) Je vous prie de m'excuser monsieur de Nanjac, mais nous avons à causer, mademoiselle et moi.

Raymond. — Quand aurai-je l'honneur de
vous revoir, madame ?

Suzanne. — A mon retour ; je pars ce soir et
d'ici là je ne recevrai personne.

(Raymond salue et sort.—Suzanne sonne.)

SCENE IX.

SUZANNE, MARCELLE.

Suzanne, *au domestique.*—Si monsieur de Nanjac se représente aujourd'hui, vous répondrez
que je ne suis pas chez moi ; s'il insiste, vous
ajouterez que j'ai défendu ma porte. Allez ! (*Le
Domestique sort.*) J'ai vu le marquis, j'ai une
mauvaise nouvelle à vous apprendre, ma pauvre
enfant : monsieur de Thonnerins s'intéresse à
vous, mais....

Marcelle.—Mais il ne peut faire ce que je
lui demande.

Suzanne. — Il le voudrait.

Marcelle. — Et des considérations de monde
s'y opposent. J'ai réfléchi depuis que je vous ai
vue, et j'ai compris qu'en effet il n'avait peut-
être pas le droit de mettre auprès de sa fille une
personne placée dans une situation aussi excep-
tionnelle que la mienne. Elle est heureuse, mademoiselle de Thonnerins, d'avoir un père qui prend
tant de soin de sa position. Je vous remercie,
chère madame, et je vous demande pardon de
vous avoir dérangée.

Suzanne. — J'aurais voulu réussir ; le marquis vous aime beaucoup, il m'a dit que ce qu'il
pourrait faire pour vous être utile, il le ferait,
et s'il se trouvait un honnête homme qui vous
aimât, et qu'il n'y eût qu'un obstacle de fortune
entre vous et cet homme, il lèverait cet obsta-
cle.

Marcelle.— Je demandais un appui, non une
aumône.

Suzanne. — C'est mal ce que vous dites là.
Pourquoi désespérer si vite, ma chère enfant ?
qui vous dit que l'homme que vous aimez ne
vous aimera pas un jour et ne vous aime pas déjà ? S'il vous aime, qui empêche que vous soyez
sa femme ?

Marcelle. — Je n'aime personne.

Suzanne. — Soit, ma chère Marcelle, gardez
votre secret.

Marcelle. —Ne vous ai-je pas entendu dire
que vous partez ce soir ?

Suzanne. — Oui.

Marcelle. —Nous ne nous reverrons peut-être
plus, alors ; mais je n'oublierai jamais combien
vous avez été bonne pour moi.

Suzanne.— Je vous ferai savoir où je serai ;
vous m'écrirez, et de loin comme de près je ferai
toujours mon possible pour vous être utile.

Marcelle. — Merci. (*Elle embrasse Suzanne.*)
Adieu.

Suzanne. — Adieu et courage.

Le Domestique. — Monsieur Olivier de Jalin.

(Marcelle s'apprête à sortir.)

SCENE X.

Les Mêmes, OLIVIER.

Olivier. — C'est moi qui vous fais partir, mademoiselle ?

Marcelle.—Non, monsieur, j'allais me retirer.

Olivier. — Vous voilà toute triste, maintenant, mademoiselle, qu'avez-vous ?

Marcelle. — Les heures se suivent et ne se
ressemblent pas. Je m'étais trop hâtée d'es-
pérer. La vie est plus difficile que je ne
croyais, quand on est seule à lutter contre elle.

Olivier.— Mais quand on est deux ?.... Ne
suis-je pas votre ami ?.... Je ne veux plus que
vous soyez triste.... Voulez-vous me permettre
d'aller vous voir ?.... vous me conterez vo
chagrins.

Marcelle. — Et tout ce que vous me direz de faire, je le ferai.

Olivier. — A bientôt, alors.... à tantôt, peut-être.

(Il lui serre la main. Elle sort.)

SCENE XI.

SUZANNE, OLIVIER.

Suzanne. — Ah ! c'est touchant !.... Je voudrais vous voir épouser mademoiselle de Sancenaux, après ce que vous avez dit d'elle.

Olivier. — Je ne la connaissais pas, et maintenant je la connais.

Suzanne. — Ce qui prouve qu'il ne faut pas se hâter de parler mal des gens; et, à ce propos, nous avons un compte à régler tous les deux.

Olivier. — Quel compte ?

Suzanne. — Faites donc l'homme qui ne comprend pas ! Vous avez dit à monsieur de Nanjac qu'il avait tort de m'épouser.

Olivier. — C'est vrai.

Suzanne. — Et vous lui avez dit pourquoi il avait tort?

Olivier. — Oui.

Suzanne. — Vous avez au moins le mérite de la franchise, ce qui n'empêche pas que vous avez fait là une.... Comment dit-on ?.... Il y a un mot pour ces sortes de choses.

Olivier. — Une sottise ?.... est-ce le mot que vous cherchez ?

Suzanne. — Non.

Olivier. — Une infamie ?

Suzanne. — Ce n'est pas encore cela.... Une....

Olivier. — Une lâcheté.... dites le mot, il vous brûle les lèvres.

Suzanne. — Justement, une lâcheté !

Olivier. — Et pourquoi ai-je fait une lâcheté ?

Suzanne. — Parce qu'un homme d'honneur garde ces choses-là pour lui.

Olivier. — Ce qui prouve que vous et moi n'avons pas les mêmes idées sur l'honneur, heureusement.

Suzanne. — Il ne vous faut rien pour ce mot-là ?

Olivier. — Rien !

Suzanne. — Et vous avez cru que monsieur de Nanjac ne me raconterait pas votre conversation ?

Olivier. — Je l'ai cru parce qu'il m'avait donné sa parole.

Suzanne. — Vous m'aviez bien donné votre parole d'être mon ami, vous.

Olivier. — D'être votre ami, oui ; d'être votre complice, non !....

Suzanne. — Complice est dur. Dites-donc, Olivier?

Olivier. — Quoi ?

Suzanne. — Vous savez que votre démarche a tourné à mon avantage.

Olivier. — Tant mieux.... De cette façon-là,

j'ai fait mon devoir d'un côté, et, de l'autre, je vous ai rendu service.

Suzanne. — Il est plus amoureux que jamais.

Olivier. — Vraiment ?

Suzanne. — Aussi, n'y a-t-il pas moyen de vous en vouloir.... Comment, vous, un homme d'esprit, vous n'avez pas compris que vous donniez dans un piége ?

Olivier. — Dans un piége !

Suzanne. — Naturellement, mon pauvre ami.... Vous voulez lutter avec une femme, mais vous ne savez donc pas que la femme la plus niaise, et je ne suis pas cette femme-là, est cent fois plus rusée que l'homme le plus spirituel ?.... Je me suis bien doutée hier, après votre conversation avec monsieur de Nanjac, que notre grande amitié n'irait plus loin, et que du moment qu'il serait question de mariage, votre délicatesse me déclarerait la guerre.... Il fallait frapper un grand coup et terrasser si bien la vérité que les médisances et les calomnies n'eussent plus, par la suite, la moindre chance de succès ; alors, je vous ai prié de me rapporter mes lettres aujourd'hui..... Rien que ça aurait dû vous ouvrir les yeux..... Est-ce que je suis une femme à redemander mes lettres ?.... Mais vous n'avez pas fait la moindre supposition, et vous êtes gentiment venu ce matin, avec vos petites lettres dans votre poche....Voyant approcher l'heure à laquelle vous deviez venir, je suis sortie pour vous faire trouver seul avec monsieur de Nanjac.... Vous avez fait votre métier d'honnête homme.... Vous avez dit à monsieur de Nanjac ce que vous aviez été pour moi.... vous avez trouvé moyen de lui laisser mes lettres.... Je suis revenue.... Il ne connaissait pas mon écriture, il m'a fait écrire devant lui, il a comparé les deux écritures....

Olivier. — Et ?....

Suzanne. — Et comme elles ne se ressemblent pas, il est déjà convaincu que je suis victime d'une calomnie..... Il m'aime plus que jamais, et il n'a plus qu'une idée.... c'est de se couper la gorge avec vous...... Comment, à votre âge, vous ne savez pas encore que le moyen le plus infaillible de se brouiller avec son meilleur ami, c'est de lui dire du mal de la femme qu'il aime, quand bien même on pourrait le lui prouver, surtout si on le lui prouve ?.... Je l'ai congédié pour ses soupçons....Je lui ai dit que je ne voulais plus le revoir.... que je partais aujourd'hui, que sais-je ?..... tout ce qu'une femme intelligente sait dire en pareil cas....Je lui ai signifié que je ne serais jamais sa femme.... Dans dix minutes il sera ici, et dans huit jours nous serons mariés.... Voilà ce que vous avez fait, mon cher...... Allons, vous avez perdu, vous devez un gage.

Olivier. — Ainsi vous avez deux écritures?....

Suzanne. — Non, je n'en ai qu'une, c'est bien assez.

Olivier. — Comment se fait-il ?

Suzanne. — Je veux bien tout vous dire,

parce qu'au fond je suis une bonne femme, et que je ne vous en veux pas.... Sachez donc, mon cher ami, que lorsqu'une femme comme moi a mis dix ans à échafauder sa vie pièce par pièce, morceau par morceau, son premier soin a été d'écarter de l'échafaudage toutes les chances déjà connues de destruction.... Or, parmi ces chances, il y a, au premier rang, la manie d'écrire.... Sur cent femmes compromises, il y en a les deux tiers qui l'ont été par les lettres qu'elles ont écrites.... Les lettres de femme sont faites pour être perdues par celui à qui elles sont adressées, rendues à celle qui les a écrites, interceptées dans le trajet par celui qui ne doit pas les connaître.... volées par les domestiques, montrées à tout le monde.... En amour, écrire est dangereux, sans compter que c'est inutile... Il résulte de ces théories, que je me suis juré de ne jamais écrire une lettre compromettante, et depuis dix ans je me suis tenu parole.

Olivier. — Alors, les lettres que je recevais de vous ?....

Suzanne. — Sont de madame de Santis, qui est la plus grande écrivassière que je connaisse, qui a la plume à la main toute la journée, qui ne me quittait pas à Bade, et qui me rendait le service de vous répondre, en mon lieu et place, des lettres que je ne lisais même pas.... Elle a, du reste, une belle écriture anglaise, longue, mince, aristocratique, élancée comme une lady à la promenade.... Ainsi, mon cher ami, vous avez été en correspondance avec Valentine.... Soyez tranquille, je ne le dirai pas à votre ami, monsieur Richond, ça pourrait vous brouiller avec lui.

Olivier. — Il n'y a rien à répondre.... Ah ! vous êtes d'une jolie force, vous....

Suzanne. — Maintenant, causons sérieusement.... De quel droit avez-vous agi comme vous l'avez fait ?.... Qu'avez-vous à me reprocher ?.... Si monsieur de Nanjac était un vieil ami à vous, un camarade d'enfance, un frère, mais non, vous le connaissez depuis huit ou dix jours.... Si vous étiez désintéressé dans la question, mais êtes-vous sûr de ne pas avoir obéi aux mauvais conseils de votre amour propre blessé ?.... Vous ne m'aimez pas, je le sais bien, mais on en veut toujours à une femme quand elle vous dit qu'elle ne vous aime plus... Quoi ! parce qu'il vous a plu de me faire la cour, parce que j'ai été assez confiante pour croire en vous, parce que je vous ai jugé un galant homme, parce que je vous ai aimé, peut-être, vous deviendrez un obstacle au bonheur de toute ma vie ?.... Vous ai-je compromis ?.... Vous ai-je ruiné ?.... Vous ai-je trompé, même ?.... Admettons, et il faut l'admettre, puisque c'est vrai.... que je ne sois pas digne, au point de vue du monde, du nom et de la position que j'ambitionne, est-ce bien à vous, qui avez contribué à m'en rendre indigne, à me fermer la route honorable où je veux entrer ?.... Non, mon cher Olivier, tout

cela n'est pas juste, et ce n'est pas quand on a participé aux faiblesses des gens, qu'on doit s'en faire une arme contre eux.... L'homme qui a été aimé, si peu que ce soit, d'une femme, du moment que cet amour n'avait ni le calcul ni l'intérêt pour bases, est éternellement l'obligé de cette femme, et quoi qu'il fasse pour elle, il ne fera jamais autant qu'elle a fait pour lui.

Olivier. — Vous avez raison. J'ai peut-être cédé à un mauvais sentiment, à la jalousie, en croyant céder à la voix de l'honneur ; cependant, à ma place, il n'est pas un honnête homme qui n'eût agi comme moi. A cause de Raymond, j'ai eu raison ; à cause de vous, j'aurais dû me taire. C'est une vérité que ce proverbe arabe : La parole est d'argent, le silence est d'or.

Suzanne. — Voilà tout ce que je voulais vous entendre dire. Maintenant....

Olivier. — Maintenant ?

Suzanne, *voyant entrer Sophie.* — Rien. (*A Sophie.*) Qu'est-ce que c'est ?

Sophie. — Monsieur de Nanjac est là !....

Suzanne. — J'avais donné des ordres.

Sophie. — Il a insisté pour voir madame la baronne. Je lui ai répondu que madame la baronne ne recevait pas. Il m'a demandé si monsieur de Jalin était ici, je lui ai dit que je n'en savais rien ; il m'a dit de m'en assurer, et si monsieur de Jalin était chez madame, de le prier de venir lui parler.

Suzanne. — Dites à monsieur de Nanjac d'entrer.

Olivier. — Vous allez le recevoir ?

Suzanne. — Non. Vous le recevrez, vous, et vous lui direz maintenant ce que vous croirez devoir lui dire. Rappelez-vous seulement qu'il m'aime, que je l'aime, et que ce que je veux, je le veux.... Au revoir, mon cher Olivier.

(*Elle sort.*)

SCÈNE XII.

OLIVIER, *puis* RAYMOND.

Olivier. — Allons, autant en finir tout de suite. (*A Raymond qui entre.*) Vous désirez me parler, mon cher Raymond. La baronne est sortie, nous sommes seuls. Je vous écoute.

Raymond. — Je ne veux pas encore oublier que je vous ai appelé mon ami, Olivier ; cependant....

Olivier. — Cependant ?

Raymond. — Vous m'avez trompé.

Olivier. — Non.

Raymond. — Ecoutez-moi, Olivier. Je suis décidé à ne plus croire qu'aux preuves, et madame d'Ange m'a prouvé le contraire de ce que vous m'avez affirmé. Vous m'avez dit qu'elle n'avait jamais été mariée, j'ai vu le contrat de mariage, vu, de mes yeux vu. Me direz-vous que l'acte est faux ?

Olivier. — Non.

Raymond. — Vous m'avez dit qu'elle n'était pas veuve, j'ai vu l'acte de décès de son mari... Me direz-vous que cet acte est une invention ?...

Olivier. — Non.

Raymond. — Je sors de chez monsieur de Thonnerins, que j'ai interrogé, et qui m'a dit ne rien savoir sur le compte de la baronne. Enfin, ces lettres que vous m'avez dites être de madame d'Ange....

Olivier. — Ne sont pas d'elle, je le sais maintenant. C'est une de ses amies qui me les écrivait en me laissant croire qu'elles étaient de la baronne, et toutes deux se moquaient de moi. Ce n'est donc pas moi qui vous ai trompé ; c'est moi qui ai été trompé. J'ai cru avoir le droit de vous avertir, je ne l'avais pas. Là où ma conscience croyait tenir des preuves contre la baronne, ma fatuité même n'en avait pas une ; enfin, en voulant vous prouver que j'étais votre ami, je me suis prouvé à moi-même que je n'étais qu'un sot. J'ai été bien joué, je vous en réponds.

Raymond. — Alors, vous rétractez tout ce que vous m'avez dit ?

Olivier. — Tout. Elle est de bonne famille, elle a été mariée, elle est baronne, elle est veuve, elle vous aime, elle n'a jamais été pour moi qu'une étrangère, elle est digne de vous. Quiconque dira le contraire sera un calomniateur, car c'est être un calomniateur que de dire contre une personne une chose qu'on ne peut pas prouver. Adieu, Raymond ; car après ce qui s'est passé, je ne sais trop comment reparaître devant la baronne, et je ne reviendrai la voir que lorsqu'elle m'y engagera, et je ne crois pas que l'idée lui en vienne de si tôt. Quant à vous, ne m'accusez que de maladresse. Adieu !

Raymond. — Adieu ! *(Olivier sort.)* Il faudra bien que j'aie le dernier mot de cet homme.

Le Domestique. — Monsieur sait que madame la baronne est sortie, et qu'elle ne rentrera que très-tard.

Raymond, *s'asseyant.* — C'est bien. J'attendrai.

ACTE QUATRIÈME.

CHEZ LA BARONNE.

SCÈNE PREMIÈRE.

SUZANNE, LE MARQUIS.

Un domestique, *annonçant.*—Monsieur le marquis de Thonnerins....

Le marquis. — Bonjour, baronne.

Suzanne. — A quoi dois-je votre bonne visite, mon cher marquis ?....

Le Marquis. — Je viens voir, ma chère Suzanne, si mon notaire vous a remis tout ce qu'il devait vous remettre ?

Suzanne. — Tout.... je vous remercie....

Le Marquis. — Et puis je désirais aussi prendre de vos propres nouvelles.

Suzanne. — Je vais bien.

Le Marquis. — Et votre mariage ?....

Suzanne. — Mon mariage !....

Le Marquis. — Oui, se fait-il ?

Suzanne. — C'est vrai.... je ne vous ai pas vu depuis longtemps.... vous ne savez rien ?

Le Marquis. — Rien !....

Suzanne. — Vous aviez raison, monsieur le marquis.... j'étais trop ambitieuse.... Il y a des choses impossibles.

Le Marquis. — Vous l'avouez ?

Suzanne. — Il le faut bien.

Le Marquis. — Contez-moi cela....

Suzanne. — On a parlé !....

Le Marquis. — Qui ?

Suzanne. — Quelqu'un en qui j'avais eu trop de confiance, monsieur de Jalin.

Le Marquis. — Et il a dit à monsieur de Nanjac ?....

Suzanne. — Vous connaissez donc le nom, maintenant ?

Le Marquis. — Oui.... Et monsieur de Nanjac, qu'à-t-il fait ?

Suzanne. — Il a cru monsieur de Jalin ; puis, comme il m'aimait, il m'a crue à mon tour....

Le Marquis. — Et maintenant ?....

Suzanne. — Maintenant, il m'aime encore, non plus avec confiance, mais avec jalousie ; ce sont des questions, des soupçons, des surveillances perpétuelles ; et moi, vous le dirai-je, je ne me sens plus la force d'accepter cette vie, qui faisait toute mon ambition. Trembler incessamment que le passé ne s'écroule sur notre tête, étayer tant bien que mal tous les matins sa vie d'un nouveau mensonge, qu'il faudra démentir

le soir, et au milieu de tout cela, aimer sincèrement et purement. Je vous le répète, la chose
est impossible, et j'ai déjà usé à cette lutte non-
seulement mon énergie, mais encore mon amour.
Je n'aime plus monsieur de Nanjac.

Le Marquis. — Est-ce bien vrai. Suzanne ?

Suzanne. — Vous êtes la seule personne à
qui je ne mente jamais.

Le Marquis. — Vous n'aimez pas monsieur
de Nanjac ?....

Suzanne. — Je n'aime personne.

Le Marquis. — Ainsi, ce mariage n'aura pas
lieu ?....

Suzanne. — Non, je garde ma liberté. Je
vais me retirer en Italie... Là, on demande
moins aux femmes d'où elles viennent, et pourvu
qu'elles aient de la fortune, qu'elles reçoivent
bien et qu'elles ne soient pas trop laides, on croit
tout ce qu'elles disent ; j'achèterai une maison
sur les bords du lac de Côme, je mettrai du
blanc et du rouge comme madame de Santis, je
me promènerai sur le lac à la clarté des étoiles,
je ferai de la poèsie byronnienne, je me poserai
en femme incomprise, je recevrai et je protége-
rai des artistes, et je finirai par épouser, si je
veux absolument me marier, un faux prince ita-
lien ruiné, qui me mangera ma fortune, qui en-
tretiendra une danseuse et qui me battera par-
dessus le marché. N'est-il pas vrai que j'ai pris
le bon parti, et qu'une femme comme moi ne
peut pas ambitionner autre chose ?

Le Marquis. — Et vous partez ?

Suzanne. — Dans trois ou quatre jours.

Le Marquis. — Seule ?....

Suzanne. — Avec ma femme de chambre....

Le Marquis. — Et monsieur de Nanjac ignore ce départ ?....

Suzanne. — Complétement.

Le Marquis. — Et vous ne lui ferez pas savoir où vous allez ?

Suzanne. — Si je voulais continuer à le voir,
j'aurais plus court de rester à Paris. Si je pars,
c'est, au contraire, pour cesser des relations devenues impossibles dans le présent, et plus impossibles encore dans l'avenir ?

Le Marquis. — Eh bien ! je vous félicite et
je vous sais gré de cette résolution, votre esprit,
votre bon sens ont fait ce que la nécessité vous
aurait contrainte à faire.

Suzanne. — Comment cela. ?

Le Marquis. — Le hasard est un maladroit
qui se mêle de tout ce qui ne le regarde pas. Le
hasard a fait que la sœur de monsieur de Nanjac est l'amie de ma sœur à moi ; monsieur de
Nanjac n'a pas caché ses projets de mariage à
sa sœur, qui est venue en parler à la mienne, et
c'est ainsi que j'ai appris le nom que je n'ai pas
voulu apprendre de vous. Ce n'est pas tout ;
monsieur de Nanjac est venu lui-même me ques-
tionner sur votre compte. Je n'ai rien dit, pré-
férant, en galant homme, vous laisser sortir
vous-même, avec les honneurs de la guerre, de
cette situation délicate. Je suis venu vous dire

aujourd'hui ce que je vous ai déjà dit une fois,
que du moment où, par des circonstances indé-
pendantes de moi, je connaîtrais l'homme que
vous voulez épouser, je dirais la vérité à cet
homme. J'ai patienté quelques jours, j'ai bien
fait, puisque je vous trouve, par d'autres raisons,
résolue à ne pas conclure ce mariage. Tout
est pour le mieux ; si vous êtes sincère....

Suzanne. — Je le suis. Demain monsieur de
Nanjac aura recouvré toute sa liberté, et vous
pourrez faire de lui, si bon vous semble, un mari
pour mademoiselle de Thonnerins.

Le Marquis. — Ma fille n'a rien à faire là-
dedans, ma chère Suzanne, ne l'oubliez pas.
Tout ce que nous avons dit est sérieux.

Suzanne. — Très sérieux.

Le Marquis. — Soyez heureuse, c'est mon
dernier souhait. Adieu, baronne, souvenez-
vous....

Suzanne. — Je n'oublie jamais rien.... (*Le
Marquis sort au moment où Valentine entre. —
Ils se saluent.*)

SCÈNE II.

SUZANNE, VALENTINE.

Valentine. — C'est le marquis de Thonnerins
qui sort de là ?

Suzanne. — Oui.

Valentine. — Il est toujours vert, le marquis !....

Suzanne. — Où allez-vous donc dans ce cos-
tume-là ?....

Valentine. — Je pars....

Suzanne. — Quand cela ?

Valentine — Dans une heure.

Suzanne. — Pour ?....

Valentine. — Pour Londres.... et de là
pour la Belgique....et l'Allemagne.

Suzanne. — Seule ?....

Valentine. — Non pas.... on m'accompa-
gne....

Suzanne. — Et votre procès ?

Valentine. — Je ne le fais pas. Je me suis
contentée d'introduire un référé.... que j'ai
perdu. — Le président m'a dit, quand je suis
allée lui exposer mes griefs : Croyez-moi, madame, laissez votre mari tranquille, c'est ce que
vous avez de mieux à faire.... Et je pars....

Suzanne. — Il y a longtemps que je ne vous
ai vue.

Valentine. — J'ai eu des emplettes à faire pour
mon voyage. Il paraît qu'on ne trouve rien en
Angleterre....J'ai dû aussi résilier mon bail de
la rue de la Paix. J'ai payé une année au propriétaire, qui m'a laissée déménager ; j'ai donné
une indemnité au tapissier, qui a repris ses meu-
bles, et me voilà libre comme l'air.

Suzanne. — Et vous n'avez pas trouvé le
temps de venir m'apporter la réponse que j'attendais.

Valentine. — Je vous ai écrit le résultat. N'avez-vous pas reçu ma lettre ?....

Suzanne. — Si, mais....

Valentine. — C'est cela que je viens vous conter....

Suzanne. — Je vous écoute.

Valentine. — J'ai écrit à madame de Lornan une lettre anonyme.

Suzanne. — Très bien.

Valentine. — J'ai eu soin de déguiser mon écriture. — Dans cette lettre, je lui disais qu'une femme qui lui porte le plus grand intérêt, mais qui ne pouvait se nommer, avait absolument besoin de causer avec elle.... Je lui laissais entendre qu'il s'agissait de monsieur de Jalin.... Je lui recommandais la discrétion, et je lui donnais un rendez-vous avant hier au soir.

Suzanne. — Elle est venue à ce rendez-vous ?....

Valentine. — Oui, accompagnée d'une autre femme qui l'a quittée à quelques pas pour la laisser causer avec moi, et qui l'a attendue ... Le rendez-vous avait lieu aux Tuileries.... il faisait sombre, j'étais voilée. Il eût été impossible de voir mon visage, mais moi j'ai vu le sien, elle est belle.

Suzanne. — Que lui avez-vous dit ?....

Valentine. — Ponctuellement ce dont nous étions convenues : qu'Olivier la trompait, qu'il était amoureux de mademoiselle de Sancenaux, qu'il voulait l'épouser, que c'était une folie, un malheur même, que la jeune fille n'était pas digne de lui. J'ai eu l'air de croire qu'elle, madame de Lornan, n'était que l'amie d'Olivier ; et en effet, elle n'est que son amie, mais elle l'aime et elle est jalouse.

Suzanne. — Lui avez-vous parlé de moi ?

Valentine. — C'est elle qui m'a parlé de vous la première....je lui ai dit que je vous connaissais, que je savais que vous étiez au courant de toute cette affaire et qu'à vous deux vous pourriez empêcher ce mariage. Que c'était un service à rendre à monsieur de Jalin. Elle a hésité longtemps, elle m'a fait promettre que vous seriez seule à l'heure où elle viendrait, je le lui ai promis, et comme je vous l'ai écrit, elle sera ici à deux heures. Cette pauvre femme n'a plus la tête à elle.... qui croirait jamais que ce monsieur de Jalin peut inspirer de pareilles passions ? Avez-vous de ses nouvelles ?

Suzanne. — A qui ?...

Valentine. — A monsieur de Jalin....

Suzanne. — Oui.

Valentine. — Dans quels termes est-il avec monsieur de Nanjac ?

Suzanne. — Ils ne se voient plus....

Valentine. — Cependant, Olivier vient toujours vous voir.

Suzanne. — Non, mais il m'a écrit....

Valentine. — Que vous dit-il ?

Suzanne. — Il m'écrit une lettre incompréhensible.... qu'il m'aime, que s'il a voulu empêcher mon mariage c'est qu'il est amoureux de moi....

Valentine. — C'est peut-être vrai....

Suzanne. — Qui sait, peut-être ? mais il y a des chances pour que cela ne le soit pas, d'autant plus qu'il me demande un rendez-vous chez lui. Il voudrait me donner une explication, qu'il ne pourrait, dit-il, me donner chez moi.

Valentine. — En effet, ceci peut cacher une ruse.

Suzanne. — Cependant, je suis certaine qu'il est au plus mal avec monsieur de Nanjac.

Valentine. — Si ce monsieur de Nanjac pouvait donc lui donner un coup d'épée pour lui apprendre à se mêler de ce qui ne le regarde pas !.....Je ne peux pas le souffrir, ce monsieur de Jalin, c'est lui qui a monté la tête à Hippolyte contre moi. Aussi, ma chère, si vous pouvez lui faire un tour, ne vous gênez pas, je vous donne ma procuration, et j'en prends la moitié sur mon compte.

Suzanne. — Soyez tranquille .. je n'oublie rien....A quoi serviraient les offenses, si on les pardonnait ? Monsieur de Jalin a dit entre autres choses à monsieur de Nanjac qu'on ne devait pas amener une femme honnête dans notre société. Il se trouvera aujourd'hui chez moi avec madame de Lornan. Cela modifiera sans doute un peu son opinion....

Valentine. — Il va donc venir ?....

Suzanne. — Oui.

Valentine. — Il sera furieux.... S'il allait se fâcher....

Suzanne. — Allons donc !.... au moindre mot qu'il dirait il se ferait une affaire avec monsieur de Nanjac, et il n'en a pas envie.... Il recevra la leçon et se taira....

Valentine. — C'est égal, je voudrais bien être là !

Suzanne. — Restez.

Valentine. — Non, il faut que je parte.... Allons, adieu. Vous m'écrirez à Londres, poste restante, au nom de mademoiselle Rose ; c'est le nom de ma femme de chambre. Jusqu'à ce que sois en sûreté, je ne veux pas que mon mari puisse savoir où je suis. Allons, adieu !.... Cela me fait un drôle d'effet de quitter Paris.... on ne s'amuse que là.... mais il le faut....Allons, adieu.

Suzanne. — Vous me donnerez de vos nouvelles ?

Valentine. — Je n'y manquerai pas... Adieu..
(Monsieur de Nanjac entre au moment où elle sort.)

SCENE III.

SUZANNE, RAYMOND.

Suzanne. — Encore une que je ne verrai plus quand je serai mariée. *(A Raymond.)* J'étais impatiente de vous voir....

Raymond. — Tout est prêt.

Suzanne. — Le contrat ?....

Raymond. — Nous le signerons demain....

Suzanne. — Et nous partirons ?....

Raymond. — Quand vous voudrez.

Suzanne. — Vous m'aimez donc toujours ?...

Raymond. — Et vous, Suzanne ?....

Suzanne. — Pouvez-vous en douter mainte-nant ?.... Ne vous ai-je pas donné toutes les preuves que je pouvais vous donner ?.... Oh ! oui !.... je vous aime bien.

Raymond. — Mais, dites-moi, est-ce que vous avez revu monsieur de Jalin ?

Suzanne. — Non. Pourquoi ?

Raymond. — C'est que je viens de le voir se dirigeant de ce côté avec son ami, monsieur Richond.

Suzanne. — Il vient ici, en effet.

Raymond. — Je croyais que vous ne deviez plus le recevoir.... Je vous en avais priée, vous me l'aviez promis.

Suzanne. — Il m'a écrit qu'il avait à me par-ler.... Je le reçois comme s'il ne s'était rien passé.... Je n'aurai même pas l'air de savoir qu'il s'est passé quelque chose, comme je vous conseille, à vous, de l'avoir oublié.

Raymond. — Allez donner les derniers ordres pour la réunion de demain. Je désire que notre mariage soit officiellement annoncé à tous nos amis, y compris monsieur de Jalin, que je vais recevoir, car je tiens à être la première person-ne qu'il verra ici. Je veux qu'il sache bien quelle attitude il doit prendre dans votre mai-son, et je vous rejoins tout de suite. (*Elle sort.*)

SCÈNE IV.

RAYMOND, OLIVIER, HIPPOLYTE.

Le Domestique, *annonçant.* — Monsieur Oli-vier de Jalin, monsieur Hippolyte Richond.

Raymond, *saluant.* — Messieurs !....

Olivier. — Votre santé est bonne, Raymond ?

Raymond. — Excellente ; je vous remercie.

Olivier. — Est-ce que la baronne est visi-ble ?....

Raymond. — Elle m'a chargé de vous prier de l'attendre, elle va venir dans quelques in-stants.... Messieurs !....(*Il salue, et sort.*)

SCÈNE V.

HIPPOLYTE, OLIVIER.

Olivier.—Tu as vu la figure qu'il me fait ?...

Hippolyte. — Elle n'était pas difficile à voir, mais tu devais bien t'y attendre en venant ici. Et pourquoi y viens-tu ?.... Tu étais sorti de toutes ces intrigues, à quoi bon y rentrer ? Tu as fait ton devoir.... Monsieur de Nanjac veut absolument épouser cette femme ; puisqu'il est comme Guzman et qu'il ne connaît pas d'obsta-cle, laisse-le faire. En somme, cela ne te regarde plus.

Olivier. — Tu as parfaitement raison, et j'é-tais décidé à ne plus me mêler de tout cela, bien qu'il y ait des gens qui vaillent la peine d'être sauvés malgré eux ; mais les femmes n'ont de mesure en rien, et Suzanne vient me provo-quer de nouveau. Ce n'est pas ma faute.

Hippolyte. — Tu n'attendais qu'un prétexte pour revenir chez elle.

Olivier. — C'est possible, mais raison de plus pour ne pas fournir ce prétexte.

Hippolyte. — Voyons cette provocation.

Olivier. — Une lettre anonyme a été écrite à madame de Lornan par ta femme.

Hippolyte. — Par ma femme ?....

Olivier. — Oui ; l'écriture était déguisée, mais je l'ai reconnue, je suis payé pour la con-naître.... Cette lettre, qui demandait un ren-dez-vous à madame de Lornan, m'a été montrée par sa gouvernante, qui sait l'intérêt que je por-te à sa maîtresse, bien que Charlotte continue à ne pas me recevoir.... Il y a de la Suzanne là-dessous ; mais qu'elle prenne garde ! Si ce que je crois est vrai, si elle tente quelque chose contre madame de Lornan, je ne sais pas com-ment je m'y prendrai, mais, cette fois, je déman-tibulerai si bien son mariage, que je veux être pendu si elle en retrouve un morceau !

Hippolyte. — Si je commençais toujours par faire arrêter ma femme ? Tant qu'elle ne faisait de mal qu'à moi, c'était bien, mais du moment qu'elle en fait aux autres....

Olivier. — Je dénouerai bien la chose moi-même. Quand j'ai appris ces nouvelles histoires, j'ai écrit à Suzanne pour la prier de venir chez moi, ce qu'elle s'est bien gardée de faire ; mais elle m'a répondu qu'elle m'attendait aujourd'hui. Laisse-moi jeter ma ligne où je voudrai, et ne fais pas de bruit, avant une heure ça mordra.

SCÈNE VI.

LES MÊMES, LA VICOMTESSE.

La Vicomtesse. — Où donc est la baronne ?...

Olivier. — Qu'avez-vous, ma chère vicomtes-se ? vous arrivez comme la tempête !....

La Vicomtesse. — Vous me voyez furieuse !

Olivier. — Eh bien, je ne suis pas fâché de vous voir ainsi. Je vous ai toujours vue gaie, cela me change.

La Vicomtesse. — Je ne suis pas en train de plaisanter.

Olivier. — Alors, je réponds à votre ques-tion : la baronne est avec monsieur de Nanjac, et nous l'attendons.

La Vicomtesse, *emmenant Olivier à part ; à Hippolyte.* — Pardon monsieur....(*A Olivier.*) Vous savez ce qu'a fait Marcelle ?

Olivier. — Elle a dit franchement à monsieur de Nanjac qu'elle ne voulait pas l'épouser.

La Vicomtesse. — Oui.

Olivier. — Puisqu'elle ne l'aime pas.

La Vicomtesse. — La belle raison ! Mais ce

n'est pas tout ; quand je suis entrée ce matin dans la chambre de Marcelle, il n'y avait personne.

Olivier. — Il y avait une lettre.

La Vicomtesse. — Oui, une lettre dans laquelle Marcelle m'annonce qu'elle a trouvé le moyen de ne m'être plus à charge ; que je n'ai rien à craindre, que je n'aurai pas à rougir d'elle.

Olivier. — Et elle vous dit qu'elle retourne dans l'institution où elle a été élevée.

La Vicomtesse. — Vous l'avez donc vue ?

Olivier. — Je viens de la voir.

La Vicomtesse. — Où ?

Olivier. — A sa pension.

La Vicomtesse. — Comment cela se fait-il ?

Olivier. — Elle m'a écrit.

La Vicomtesse. — A vous ?

Olivier. — A moi.

La Vicomtesse. — A quel propos ?

Olivier. — C'était moi qui lui avais donné le conseil de faire ce qu'elle a fait.

La Vicomtesse. — De quoi vous mêlez-vous ?

Olivier. — De ce qui me regarde.

La Vicomtesse. — Et c'est vous, sans doute aussi, qui lui avez donné le conseil de quitter Paris ?

Olivier. — Justement, et elle part demain. Sa maîtresse de pension lui a trouvé une place...

La Vicomtesse. — Une place ?

Olivier. — A Besançon, dans une famille excellente ; mademoiselle de Sancenaux y donnera des leçons d'anglais et de musique à une petite fille. Huit cents francs par an, le logement et la table. Ce ne sera pas bien amusant, mais elle trouve cela plus honorable que de rester à Paris, à manquer des mariages, à jouer au lansquenet et à se compromettre. Je suis de son avis.

La Vicomtesse. — Eh bien ! vous avez fait là de la belle besogne !.... Enfin !.... je vais lui écrire que je la prie au moins de changer de nom. Une de Sancenaux, la fille de mon frère, compromettre ainsi sa famille !.... Une Sancenaux institutrice !.... pourquoi pas femme de chambre ?....

Olivier. — Voilà ce que vous appelez compromettre sa famille, vous ?.... Ma chère vicomtesse, celui qui vous a vendu de la logique vous a volé votre argent. Ce doit être monsieur de Latour....

La Vicomtesse. — Comment la marier jamais, après un pareil scandale....

Olivier. — Elle se mariera peut-être plus vite qu'en restant chez vous.

La Vicomtesse. — Elle n'en prend pas le chemin.

Olivier. — Tout chemin mène à Rome, et le plus long est souvent le plus sûr.

La Vicomtesse. — C'est bien, nous verrons... J'ai fait pour elle ce que j'ai pu. Elle n'est que ma nièce, après tout.

SCENE VII.

Les Mêmes, SUZANNE.

Suzanne. — Bonjour, vicomtesse....

La Vicomtesse. — Bonjour, ma chère enfant....

Suzanne. — Qu'avez-vous ?

La Vicomtesse. — Je vous conterai cela plus tard.... Je vous rapporte ce que vous avez eu l'obligeance de me prêter.

Suzanne. — Cela ne pressait pas....

La Vicomtesse. — Je n'en avais plus besoin, merci....

Suzanne. — Vous êtes bien aimable, monsieur, d'avoir pensé à venir me faire une petite visite avec monsieur Jalin.

Hippolyte. — Je craignais d'être indiscret, mais Olivier....

Suzanne. — Les amis de monsieur de Jalin sont les miens....

Hippolyte. — Merci, madame....

Suzanne, à Olivier. — Vous voilà, vous ?....

Olivier. — Mais, oui.... Vous m'avez écrit de venir vous voir....

Suzanne. — Afin d'apprendre ce que vous avez à me dire....

Olivier. — Je vous l'ai écrit.

Suzanne. — Vous m'aimez ?

Olivier. — Je vous aime.

Suzanne. — C'est pour cela que vous vouliez me voir venir chez vous.... Que j'aille chez vous, moi, pour que monsieur de Nanjac en soit prévenu et me voie entrer dans votre maison ? ... C'est une guerre d'enfants que vous me faites-là, avec des canons de bois et des boulets de mie de pain.... Vous voulez donc me désarmer ?

Olivier. — Vous ne me croyez pas ?

Suzanne. — Non.

Olivier. — C'est bien, adieu.

Suzanne. — Restez.... Je veux vous faire voir quelque chose.

Olivier. — Quoi donc ?

Suzanne. — Je ne peux pas vous le dire c'est une surprise.

(Pendant cette conversation, Raymond est entré et il cause avec la vicomtesse et Hippolyte.)

Suzanne, haut à la Vicomtesse. — Ma chère vicomtesse, vous devez connaître une madame de Lornan, vous ?

La Vicomtesse. — Je l'ai connue autrefois, mais nous nous sommes perdues de vue.

Suzanne. — On la dit très-vertueuse.

La Vicomtesse. — C'est vrai.

Suzanne. — Et très-difficile sur le choix des maisons où elle va.

La Vicomtesse. — Elle voit peu de monde.

Suzanne. — Elle va venir.... Je vous présenterai à elle, mon cher monsieur de Nanjac, vous verrez une charmante personne.

Olivier. — Si elle vient.

Suzanne. — Ah ! au fait, c'est vrai, vous connaissez beaucoup madame de Lornan, mon cher monsieur de Jalin.

Olivier.—c'est pour cela que je parierais bien qu'elle ne viendra pas, ou du moins que si elle vient, elle n'entrera pas.

Suzanne. — Que pariez-vous ?

Olivier.—Ce que vous voudrez.... Ce qu'une femme comme il faut peut parier.... Un sac de bonbons....ou un bouquet.

Suzanne. — Je tiens le pari (*voyant le Domestique*), et j'ai idée que je vais le gagner tout de suite.... Qu'y a-t-il ?

Le Domestique. — Une dame qui désire parler à madame la baronne.

Suzanne. — Le nom de cette dame ?

Le Domestique. — Elle n'a pas voulu le dire.

Suzanne.—Répondez à cette dame que je ne reçois que les gens qui se nomment.

(*Le Domestique sort.*)

Olivier. *bas à Raymond.* — Raymond, au nom de notre ancienne amitié, empêchez que madame de Lornan entre dans ce salon.

Raymond.—Parce que ?

Olivier.—Parce qu'il peut résulter de cette visite un grand malheur.

Raymond. — Pour qui ?

Olivier. — Pour plusieurs personnes.

Raymond.—Je n'ai aucun droit dans la maison de madame d'Ange....Elle reçoit qui bon lui semble, cela ne me regarde pas.

Olivier.— C'est bien.

Le Domestique, *rouvrant la porte.*—Madame de Lornan fait demander si madame la baronne peut la recevoir.

Suzanne.— Oui, faites entrer.

Olivier. — La malheureuse !

(*Il court vers la porte et sort.*)

SCENE VIII.

Les Mêmes, *moins* OLIVIER.

Hippolyte.— Dieu veuille que vous ne regrettiez pas ce que vous venez de faire, madame !

Suzanne.—Je n'ai jamais rien regretté de ma vie. (*A Raymond, qui s'apprête à sortir.*) Restez !....Monsieur de Jalin va offrir son bras à madame de Lornan....Il a perdu son pari, il fait bien les choses.

(*Raymond se dirige vers la porte ; au moment où il y arrive, elle s'ouvre ; Olivier paraît.*)

SCENE IX.

Les Mêmes, OLIVIER.

Raymond. — D'où venez-vous, monsieur ?

Olivier.—Je viens de dire à madame de Lornan que je ne voulais pas qu'elle entrât ici.

Raymond. — Et de quel droit ?....

Olivier.—Du droit qu'a un honnête homme d'empêcher une honnête femme de se perdre.

Suzanne.—Surtout quand cette honnête femme est la maîtresse de cet honnête homme.

Olivier.— Vous mentez, madame !

Raymond.—Monsieur, vous insultez une femme.

Olivier.—Depuis huit jours, monsieur, vous n'attendez que l'occasion de me chercher une querelle, et je ne suis venu ici moi, que pour vous fournir cette occasion. Vous croyez qu'un coup d'épée tranchera le nœud dans lequel vous êtes pris, va pour le coup d'épée. Je suis à vos ordres.

Raymond.—dans une heure, monsieur, mes témoins seront chez vous.

Olivier.— C'est bien, je les attends.

Raymond.—Les conditions seules du combat seront à régler. Les causes de la rencontre doivent rester inconnues.

Suzanne.—Raymond!(*Ils s'apprêtent à sortir.*)

Raymond.—Attendez-moi, Suzanne, je reviens.   (*Il sort.*)

SCENE X.

Les Mêmes, *moins* RAYMOND.

Olivier.— Vous avez mis en face l'un de l'autre deux hommes qui vous aiment, vous voyez ce qu'il en est résulté, Suzanne ; Dieu sait ce qu'il en résultera encore. Viens, Hippolyte.

(*Ils saluent et sortent.*)

SCENE XI.

SUZANNE, LA VICOMTESSE.

La Vicomtesse.—Une provocation chez vous, ma chère baronne, entre deux hommes si liés il y a quelques jours encore ? comment cela se fait-il ?....

Suzanne. — Je n'en sais rien, ma chère vicomtesse.

La Vicomtesse. — Mais vous ne laisserez pas ce duel avoir lieu ?

Suzanne. — Il faudra bien que je l'empêche, j'ai fait plus difficile que cela.

La Vicomtesse. — Puis-je vous être bonne à quelque chose ?

Suzanne. — Non, à rien, ma chère vicomtesse, merci.

La Vicomtesse. — Alors, je vous laisse, vous n'avez pas trop de temps pour arranger cette affaire ; vous me ferez donner des nouvelles.

Suzanne. — Oui, je vous le promets, revenez dans la journée, ou je passerai chez vous.

La Vicomtesse. — A tantôt. (*En sortant.*) Qu'est-ce que tout cela signifie ?

(*Elle sort.*)

SCENE XII.

SUZANNE, SEULE.

Décidément, cet Olivier est plus brave que je ne croyais ; ah ! c'est beau, un honnête homme. Et Olivier n'aime pas cette madame de Lornan : comment serait-il donc s'il l'aimait ?

Le Domestique, *paraissant*. — Une lettre pour madame la baronne.

Suzanne. — C'est bien.... allez. (*Elle ouvre la lettre.*) C'est du marquis. (*Elle lit.*) « Vous » m'avez trompé, vous avez reçu monsieur de » Nanjac, et ce mariage que je vous ai dit être » impossible, vous voulez le conclure malgré ma » défense. Je vous donne une heure pour le rom- » pre. Si dans une heure vous n'en avez pas » trouvé le moyen, j'apprendrai tout à monsieur » de Nanjac, » Oh ! ce passé qui me retombe goutte à goutte sur le front, ne l'effacerai-je donc jamais de ma vie ?.... J'avouerai tout, non ! je lutterai jusqu'à la fin ; gagnons du temps, c'est le principal. (*Elle écrit, et en écrivant.*) Tu vas aller chez monsieur de Thonnerins, tu lui remet- tras toi-même cette lettre. Ferme cette porte.

SCENE XIII.

SOPHIE, SUZANNE, RAYMOND.

Sophie. — Madame, monsieur de Nanjac.

Suzanne, *refermant tranquillement son buvard.* — C'est bien. Allez, Sophie, vous ferez cette com- mission plus tard. (*Sophie sort. — A Raymond.*) Eh bien, mon ami....

Raymond. — Je viens de chez deux camara- des, deux officiers pour les prier de me servir de témoins. Ils étaient sortis. Je leur ai laissé un mot.

Suzanne. — Voyons, Raymond, ce duel n'aura pas lieu.

Raymond. — Vous êtes folle, Suzanne ; j'ar- range les duels de monsieur de Latour et de monsieur de Maucroix, mais je ne laisse pas arranger les miens. D'ailleurs, monsieur de Jalin a raison, je le hais.

Suzanne. — Renoncez à moi, Raymond, je ne vous ai fait encore que du mal.

Raymond. — Vous serez ma femme, je vous l'ai juré, je me le suis juré à moi-même, ce sera. Mais il se peut que je sois tué. Sur le terrain un homme en vaut un autre, et monsieur de Jalin est brave, il se défendra bien. Je ne veux pas mourir sans avoir tenu ma promesse. Je vais écrire à mon notaire de venir ici. Quand j'irai me battre, vous serez ma femme.

(*Il s'assied à la table et va pour ouvrir le buvard.*)

Suzanne, *avec un mouvement involontaire.* — Qu'allez-vous faire ?

Raymond. — Ecrire à mon notaire de venir. Vous aurez la bonté de faire porter la lettre.

Suzanne. — C'est inutile.

Raymond. — Qu'avez-vous donc ? n'est-ce pas convenu ?....

Suzanne. — Oui, mais vous avez bien le temps.

Raymond. — Au contraire, je l'ai fort peu.

Suzanne. — Je vais vous donner ce qu'il faut pour écrire.

Raymond. — Il y a là tout ce dont j'ai besoin.

Suzanne. — Non.

Raymond. — Vous vous trompez, vous écriviez quand je suis revenu.

Suzanne. — Raymond, je vous prie de ne pas ouvrir ce buvard.

Raymond. — Je ne l'ouvre pas, puisque vous écriviez des choses que je ne dois pas voir.

Suzanne. — Un soupçon encore ?

Raymond. — Non, ma chère Suzanne, non ; du moment que vous avez des secrets, je les res- pecte.

Suzanne. — Ouvrez, alors, et lisez.

Raymond. — Vous permettez.

Suzanne. — Oui.

(*Raymond va pour ouvrir, Suzanne l'arrête.*)

Suzanne. — Êtes-vous assez défiant ?

Raymond. — Moi ! ce n'est pas à vous de m'accuser de cela, ce n'est pas de la défiance, c'est de la curiosité. Vous m'autorisez à regar- der, je regarde.

Suzanne. — Vous me promettez de ne pas vous moquer de moi.

Raymond. — Je vous le promets.

Suzanne. — Si vous saviez de quoi il s'agit....

Raymond. — Nous allons le savoir.

Suzanne. — Vous serez bien avancé quand vous saurez que je commande pour notre voyage....

Raymond. — Quoi ?

Suzanne. — Des chiffons, mon Dieu, des jupes brodées, des robes de soie à corsages froncés, avec des volants en travers. Voilà des détails bien intéressants pour un homme !

Raymond. — C'est là tout le secret ?

Suzanne. — Oui.

Raymond. — Ainsi, vous écriviez à votre couturière ?

Suzanne. — Tout bonnement.

Raymond. — Pendant que j'allais chercher des témoins pour me battre, vous commandiez des robes. Voyons, Suzanne, vous me prenez donc décidément pour un sot ?

Suzanne. — Raymond !....

Raymond. — Je veux savoir à qui vous écriviez.

Suzanne. — C'est ainsi que vous le prenez ; vous ne le saurez pas !

(*Elle ouvre le buvard et prend la lettre.*)

Raymond. — Prenez garde !

Suzanne. — Des menaces !.... et de quel droit ? grâce à Dieu, je ne suis pas encore votre femme. Je suis ici, chez moi, libre, maîtresse de mes actions comme je vous laisse libre et maître de vous-même. Est-ce que je vous questionne ? Est-ce que je fouille dans vos papiers ?

Raymond. — Cette lettre ?

Suzanne. — Vous ne l'aurez pas, vous dis-je ! Je n'ai jamais cédé à la violence, je vous ai dit la vérité : libre à vous de supposer et de croire tout ce que bon vous semblera.

Raymond. — Je suppose que vous me trompez.

Suzanne. — Soit !

Raymond, *courant vers elle.* — Suzanne !....

Suzanne. — Assez, monsieur ! je vous rends votre parole, je reprends la mienne, il n'y a plus rien de commun entre nous.

Raymond. — Vous avez déjà employé ce moyen, madame ; cette fois je reste.

Suzanne. — A quel homme ai-je donc affaire ?

Raymond. — Vous avez affaire à un homme qui ne vous a demandé, en échange du nom honorable qu'il vous donnait, que la sincérité d'une minute, et à qui vous avez juré que vous n'aviez rien à vous reprocher ; qui demain va se battre avec un homme de l'honneur duquel il ne peut douter pour soutenir votre honneur, dont il doute ; qui depuis quinze jours se débat dans des mensonges et des duplicités, sans appeler autre chose à son aide que la loyauté, la franchise et la confiance, et qui est résolu maintenant à connaître la vérité par quelque moyen que ce soit. Si cette lettre ne la renferme pas toute entière, je juge à votre émotion qu'elle en renferme une partie. Il me faut cette lettre, donnez-la-moi, ou je la prends.

Suzanne. — Vous ne l'aurez pas.

Raymond. — Cette lettre !....

Suzanne. — Vous portez la main sur une femme ?

Raymond. — Cette lettre !....

Suzanne. — Eh bien ! je ne vous aime pas, je ne vous ai jamais aimé !.... Je vous trompais ; laissez-moi maintenant.

Raymond. — Cette lettre !....

(Il saisit la main dans laquelle Suzanne tient la lettre.)

Suzanne. — Raymond, je vous dirai tout.... Vous me faites mal.... je ne suis pas coupable. Au nom de ta mère !.... (*Il lui arrache la lettre.*) Misérable ! (*Elle tombe épuisée sur une chaise.*) C'est bien, lisez ; mais je me vengerai, je vous le jure.

Raymond, *lisant d'une voix émue.* — « Je vous » en prie, ne me perdez pas ; il faut que je vous » voie, je vous expliquerai tout. Ce que vous » m'ordonnerez de faire, je le ferai. Ce n'est pas » ma faute si monsieur de Nanjac m'aime, et je » l'aime, c'est mon excuse.... Je dépends de » vous ; cependant, soyez généreux, pardonnez- » moi ; s'il connaissait la vérité, je mourrais de » honte. Je vous promets de ne pas être sa » femme ; mais qu'il ne sache rien ; attendez- » moi, dès que je serai libre, je.... » (*Parlé.*) Et je doutais encore.... (*Il cache sa tête dans ses mains.*) Que vous avais-je fait, Suzanne ?

pourquoi me tromper ?.... Tenez, voici cette lettre ; adieu !....

(Il va pour sortir ; à moitié chemin, il se laisse tomber sur une chaise et ne peut retenir ses larmes.)

Suzanne. — Raymond !....

Raymond. — Vous avez fait pleurer un homme qui n'avait pas pleuré depuis la mort de sa mère. Je vous remercie, les larmes font du bien.

Suzanne. — Vous m'avez déchiré les bras et les mains, Raymond.

Raymond. — Je vous demande pardon, c'est une lâcheté ; mais je vous aimais !....

Suzanne. — Moi aussi, je vous aimais.

Raymond. — Si vous m'aviez aimé, vous ne m'auriez pas menti !....

Suzanne. — Il n'est pas une femme qui, à ma place, vous eût fait l'aveu que vous me demandiez ; je vous aimais, je vous estimais, je voulais être aimée et estimée de vous. Je vous raconterai toute ma vie. Oui, il y a une chose que je devais vous cacher, mais une seule. Si vous saviez, je suis moins coupable que je ne parais ; et puis j'étais sans conseils, sans appui. J'aurais dû tout vous dire, voilà ma faute. Vous êtes généreux, vous m'auriez pardonné. Maintenant, vous ne croyez plus en moi ; mais si je ne suis pas assez pure pour être la femme d'un homme comme vous, je vous aime assez pour que vous m'aimiez ; rien ne me force à vous le dire, maintenant, Raymond, crois en moi, je t'aime.

Raymond. — A qui écriviez-vous cette lettre ?

Suzanne. — Vous iriez chercher querelle à à cet homme ?

Raymond. — Je ne lui dirai rien ; mais, dites-moi son nom !

Suzanne. — Cet homme n'est rien pour moi, vous le savez bien, puisque je lui écrivais que je vous aime.

Raymond. — De quel droit vous défend-il d'être ma femme ?

Suzanne. — Je vous raconterai tout, mais soyez plus calme.

Raymond. — Adieu !

Suzanne. — Je vais tout vous dire !

Raymond. — J'écoute !

Suzanne. — J'écrivais cette lettre à....

Raymond. — A Olivier ?

Suzanne. — Non, je vous le jure ; mais promettez-moi de ne pas provoquer cet homme.

Raymond. — Je vous le promets.

Suzanne. — J'écrivais au marquis de Thonnerins. (*Raymond fait un mouvement.*) Raymond, mettez-vous à la place d'une pauvre femme abandonnée de tout le monde ; le marquis avait le droit de me défendre d'être votre femme, c'est à lui que je dois tout.

Raymond. — Ainsi, votre mariage ?

Suzanne. — Il est faux !

Raymond. — Ces papiers que vous m'avez montrés ?

Suzanne. — Appartenaient à une jeune femme, morte à l'étranger, sans amis, sans parents.

Raymond. — Et votre fortune ?

Suzanne. — Elle me vient de monsieur de Thonnerins.

Raymond. — Et voilà quelle honte vous me prépariez en échange de ma confiance, de mon amour ! Au lieu de tout m'avouer, noblement, dignement, vous m'apportiez un nom volé et une fortune acquise au prix de votre déshonneur. Vous ne compreniez pas qu'une fois votre mari, si j'avais appris quel infâme marché j'avais fait, je n'avais plus qu'à vous tuer et à me faire sauter la cervelle. Non-seulement vous ne m'aimiez pas, Suzanne, mais vous ne m'estimiez pas.

Suzanne. — Oui, je suis une créature misérable ; je ne mérite ni votre amour ni votre souvenir. Partez, Raymond ; oubliez-moi.

Raymond. — Mais ce n'est pas tout sans doute ; allons jusqu'au bout. Qu'avez-vous encore à m'avouer ?....

Suzanne. — Rien !

Raymond. — Olivier, ce n'est ni la misère ni l'abandon qui vous auraient poussée vers lui. Si cet homme a été votre amant, c'est que vous l'avez aimé, et je sens que je ne vous pardonnerai jamais d'avoir appartenu à cet homme.

Suzanne. — Olivier n'a jamais été rien pour moi ; il vous l'a dit lui-même, et vous le savez bien.

Raymond. — Vous me le jurez ?

Suzanne. — Je vous le jure.

Raymond. — Et vous m'aimez ?

Suzanne. — Vous aurais-je tout avoué si je ne vous aimais pas ?

Raymond. — Eh bien ! Suzanne, je ne vous demande plus qu'une preuve de cet amour.

Suzanne. — Dites.

Raymond. — Renvoyez à monsieur de Thonnerins tout ce que vous tenez de lui.

Suzanne, *sonnant.* — A l'instant même ! (*Elle prend des papiers, les enveloppe, les cachète.—Au domestique qui entre.*) Portez tout de suite ces papiers à monsieur de Thonnerins ; il n'y a pas de réponse.

Le Domestique. — Monsieur le marquis monte en ce moment même l'escalier.

Suzanne. — Lui !....

Raymond. — Priez monsieur le marquis d'attendre ! (*Le Domestique sort. — A Suzanne.*) Donnez-moi ces papiers.... je vais les lui remettre moi-même.

Suzanne. — Vous me faites peur.

Raymond. — Oh ! ne craignez rien ! il est temps encore, Suzanne. Choisissez, gardez ces papiers, et je pars pour ne plus revenir, ou si vous me renouvelez le serment que vous m'avez fait et que je survive à ce duel, je ne vous demande compte de votre vie qu'à compter de ce serment, et nous partons ensemble.

Suzanne. — J'ai dit la vérité.

Raymond. — Ah ! Suzanne, je ne savais pas moi-même que je vous aimais autant !

(*Il sort.*)

SCENE XIV.

SUZANNE, *seule.*

Je viens de jouer toute ma vie, tout le passé, tout l'avenir ! Il n'y a plus qu'Olivier qui puisse me perdre ou me sauver ; s'il m'aimait comme il me l'a dit.... Ah ! ce serait étrange ! (*Mettant son châle et son chapeau.*) Nous verrons bien !

ACTE CINQUIÈME.

CHEZ OLIVIER.

Au lever du rideau, Olivier écrit.

SCÈNE PREMIÈRE.

OLIVIER, HIPPOLYTE, entre et lui touche l'épaule.

Hippolyte. — C'est moi.

Olivier, *achevant de cacheter une lettre.* — Eh bien?

Hippolyte. — Eh bien! j'ai fait toutes tes commissions.

Olivier. — Tu as vu madame de Lornan?

Hippolyte. — Oui, par l'entremise de sa gouvernante, car le mari est revenu. C'est pour cela que madame de Lornan t'a écrit pour te demander des nouvelles. Elle ne peut pas sortir de chez elle en ce moment.... Je lui ai dit que le duel n'aurait pas lieu.

Olivier. — Mais qu'en tout cas son nom ne serait pas prononcé.... C'est à cela qu'elle tient le plus, sans doute?

Hippolyte. — Elle y tient bien un peu, mais elle tient surtout à ce qu'il ne t'arrive rien. Tu voulais la sauver, tu as réussi, ce n'est donc pas à toi de lui en vouloir si elle refuse de se compromettre même pour toi.... La leçon a été bonne, elle en profitera.... Je l'ai laissée parfaitement rassurée... Ce n'était pas si difficile, puisque j'étais parfaitement rassuré moi-même.

Olivier. — Comment cela?

Hippolyte. — Le duel n'aura pas lieu.

Olivier. — Pourquoi?

Hippolyte. — Parce que j'ai vu le marquis, et qu'il y a du nouveau.

Olivier. — Il ne peut rien y avoir de nouveau qui nous empêche, monsieur de Nanjac et moi, de nous battre, au point où nous en sommes... A moins qu'il ne me fasse des excuses, ce qui n'est pas probable.

Hippolyte. — Il ne dépend que de toi que cela arrive.

Olivier. — Explique-toi, alors....

Hippolyte. — J'ai vu le marquis.

Olivier. — Il refuse de m'assister?....

Hippolyte. — Oui.

Olivier. — Je m'en doutais. Il a peur de se compromettre, lui aussi....

Hippolyte. — Il a peur de se compromettre, et il a raison. Ces choses-là ne sont ni de son âge ni de sa position. A cause de sa fille, son nom ne peut être mêlé à cette affaire.... Mais il a vu M. de Nanjac, qui sait tout....

Olivier. — Tout....

Hippolyte. — Tout ce qui concerne le marquis. Il a trouvé une lettre que Suzanne écrivait à M. de Thonnerins. Il y a eu une scène violente entre madame d'Ange et Raymond. Suzanne a été forcée d'avouer ses relations avec le marquis. Raymond a pardonné, à la condition qu'elle rendrait à M. de Thonnerins tout ce qu'elle tenait de lui.

Olivier. — Et elle a tout restitué.

Hippolyte. — A ce qu'il paraît.

Olivier. — Cela m'étonne bien; mais en quoi cet incident peut-il empêcher le duel?

Hippolyte. — C'est M. de Nanjac lui-même qui a fait cette restitution, et M. de Thonnerins, informé de la provocation qui venait d'avoir lieu, a profité de cette occasion pour dire à M. de Nanjac que ce mariage, comme ce duel, était impossible, que madame d'Ange était indigne de lui, et que ta conduite à toi, dans toutes ces circonstances, avait été celle d'un galant homme et d'un bon ami. Tu sais ce que c'est qu'un homme amoureux, dans une fausse position; plus on attaque la femme qu'il aime, plus il croit de sa dignité de la défendre. M. de Nanjac a pris tout de suite la chose de très-haut avec son interlocuteur, et lui a dit : Du moment que je vous restitue tout ce que madame d'Ange tient de votre générosité, monsieur, c'est vous dire qu'il me plaît d'oublier tout ce qui, dans la vie de madame d'Ange, a rapport à vous. Quant à M. de Jalin, qui a commencé par me dire qu'il n'était que l'ami de madame d'Ange, et qui, ensuite, m'a donné à entendre le contraire, quant à M. de Jalin, que je croyais mon ami, et qui n'a pas cru devoir à l'amitié de nier ou d'affirmer tout à fait.... qu'il me dise en face : Je vous donne ma parole d'honneur que j'ai été l'amant de cette femme.... et c'est ce qu'il doit faire s'il a jamais eu un peu d'affection pour moi... je lui donne ma parole d'honneur, à mon tour, de lui faire mes excuses, de lui tendre la main comme autrefois, et de ne jamais revoir madame d'Ange. Tu vois bien que ce duel est impossible.

Olivier. — Tu as fini ?

Hippolyte. — Oui.

Olivier. — Eh bien ! mon pauvre Hippolyte, je te remercie de ta bonne intention ; mais nous avons perdu là beaucoup de temps pour rien.

Hippolyte. — Parce que ?

Olivier. — Parce que madame d'Ange est maintenant hors de la question. Je ne sais plus et ne peux plus savoir qu'une chose, qu'il y a eu provocation entre M. de Nanjac et moi, et qu'éviter un duel aussi arrêté que celui-là, en portant contre une femme une accusation même vraie, est un acte indigne d'un homme de cœur. Monsieur de Nanjac est militaire.... Je suis ce qu'on appelle un bourgeois.... Que ne dirait-on pas si ce duel n'avait pas lieu ? Laissons les choses suivre leur cours. Monsieur de Nanjac est encore plus à plaindre que moi ; mais je comprends sa conduite.... Je voudrais lui serrer la main, et je vais peut-être le tuer.... Telle est la fausse logique des lois de l'honneur social. Ce n'est pas moi qui les ai faites ; mais je suis forcé de les subir.

Hippolyte. — Tu as raison.... mais c'est égal, ce n'est pas gai d'avoir tué un homme. Quand je vois ma femme maintenant, et que je pense que j'ai tué un homme pour elle.... Enfin, tu sais ce qu'elle a fait, ma femme ?

Olivier. — Non.

Hippolyte. — Je viens d'apprendre cela tout à l'heure. Elle est partie avec M. de Latour, qui laisse à la Bourse un déficit de quatre cent mille francs. Elle ne pouvait pas finir d'une autre façon, et ce n'est pas fini. Elle est de ces créatures que rien n'arrête : du moment qu'elles ont commencé à descendre, il faut qu'elles aillent jusqu'au fond, sans avoir, comme les femmes qu'elles trouvent au dernier échelon de la société, l'excuse des mauvais exemples, de la misère et de l'ignorance.

Olivier. — Dis donc, il est deux heures et demie.

Hippolyte. — C'est vrai ; je te demande pardon.... Monsieur de Thonnerins ayant refusé de servir de témoin, j'ai été chercher monsieur de Maucroix, et nous avons été trouver les témoins de monsieur de Nanjac. C'est pour trois heures.... Nous avons trois quarts d'heure devant nous.

Olivier. — Le lieu du combat ?

Hippolyte. — Les terrains qui sont derrière ta maison ; ils sont vastes et toujours déserts. Personne ne viendra nous chercher là.... et puis c'est à deux pas de chez toi.... en cas d'accident, nous aurons une maison sûre où transporter le blessé.

Olivier. — Maintenant, quelles sont les armes ?

Hippolyte. — Les témoins nous en avaient laissé le choix....

Olivier. — Vous avez refusé ?

Hippolyte. — L'épée. A l'épée on défend sa vie. Au pistolet on peut être tué par l'homme le plus maladroit de la terre, par un poltron, par un enfant. Quant au sabre, nous n'y avons même pas pensé ; on ne se fait pas tuer comme un homme, au sabre, on se fait découper comme un poulet.... Voilà toutes les petites affaires arrangées ; si tu as besoin de moi pour autre chose, je suis à tes ordres.

Olivier. — S'il m'arrive malheur, tu trouveras une lettre dans ce tiroir, et tu la remettras à mademoiselle de Sancenaux tout de suite, car elle doit partir ce soir, et cette lettre l'empêchera certainement de partir.

Hippolyte. — Voilà tout ?

Olivier. — Oui.

Hippolyte. — Rien pour madame d'Ange ?

Olivier. — Rien, c'est inutile, elle viendra.

Hippolyte. — Elle te l'a fait dire ?

Olivier. — Non, mais elle n'est brave et fière que dans la victoire ; si elle sait que je n'ai plus qu'un mot à dire pour empêcher son mariage, elle doit croire que je dirai ce mot, et elle fera n'importe quoi pour que je me taise. Elle viendra.

Hippolyte. — Veux-tu savoir ma façon de penser ?

Olivier. — Dis.

Hippolyte. — Tu étais plus amoureux de Suzanne que tu ne le laissais voir, et tu es peut-être encore plus amoureux d'elle que tu ne le dis.

Olivier. — Qui sait ? le cœur de l'homme est si bizarre !

Un domestique, entrant. — Il y a là, en bas, dans une voiture, une jeune dame qui demande à parler à monsieur.

Olivier. — Son nom ?

Le Domestique. — Elle l'a écrit sur ce papier.

Olivier, lisant. — « Marcelle !.... » Faites monter cette dame.... (A Hippolyte.) Passe dans cette chambre, j'ai quelqu'un à recevoir qui ne veut pas être vu. Quand il sera temps que nous partions, frappe à cette porte, j'irai te rejoindre.

Hippolyte. — Tu n'as plus qu'un quart d'heure.

Olivier. — Sois tranquille, nous serons exacts. (Hippolyte sort ; Olivier va à la porte ; Marcelle entre.) Vous ici, Marcelle ?.... Quelle imprudence !

SCÈNE II.

OLIVIER, MARCELLE.

Marcelle. — Personne ne m'a vue venir, et d'ailleurs, peu m'importe ce qu'on pensera de moi.... Je pars ce soir, je ne reviendrai peut-être jamais, et je ne voulais pas partir sans vous avoir vu.

Olivier. — Je serais allé vous voir avant votre départ.

Marcelle. — Peut-être cela vous eût-il été impossible , peut-être n'y auriez-vous pas songé....

Olivier.—Est-ce un reproche ?....

Marcelle.—De quel droit vous ferais-je un reproche ?.... Que suis-je dans votre existence ?.... rien ! Vous avez déjà été bien bon de vous occuper de moi.... Suis-je même votre amie ?.... Suis-je digne d'une simple confidence ?.... Si vous aviez un chagrin, est-ce à moi que vous le confieriez ?.... Si vous couriez un danger, penseriez-vous seulement à me serrer la main avant de vous exposer ?.... Oh ! je suis bien malheureuse !

Olivier.— Qu'avez-vous, Marcelle ?

Marcelle.—Vous allez vous battre, vous allez vous faire tuer peut-être, et vous voulez que je sois calme, et vous voulez que je ne souffre pas !

Olivier. — Qui vous a dit que je me battais ?

Marcelle.—Ma tante, qui est venue me voir en sortant de chez madame d'Ange et qui m'a tout raconté. Elle m'a nommé la femme pour laquelle vous vous battez, madame de Lornan.

Olivier.—Elle s'est trompée.

Marcelle.—Oh non !....Donc, s'il vous était arrivé un malheur, j'aurais appris tout simplement, comme tout le monde, que vous aviez été tué. Pas un souvenir de vous au moment du danger.... C'est de l'ingratitude, car je jure bien que si je courais un danger, moi, vous seriez la seule personne que j'appellerais à mon secours.... Vous devriez faire pour moi ce que je ferais pour vous, et je ne laisserai pas ce duel s'accomplir.

Olivier.—Et comment l'empêcherez-vous ?

Marcelle.—J'irai trouver le premier magistrat venu, et je vous dénoncerai.

Olivier.—Et de quel droit ?

Marcelle.—Du droit qu'une femme a de sauver l'homme qu'elle aime.

Olivier.—Vous m'aimez ?

Marcelle.—Vous le savez bien.

Olivier.—Marcelle !

Marcelle.—Qui a eu sur moi cette influence, avec un seul mot, de me faire changer toute ma vie ?.... Qui m'a fait quitter ce monde où je vivais ?.... Pour qui me suis-je résignée à aller vivre au fond d'une province et à gagner obscurément et tristement ma vie ?.... pour qui allais-je partir, sans autre consolation que la certitude d'être estimée ou d'être oubliée de vous?... pour qui, enfin, une femme se transforme-t-elle ainsi ?.... pour l'homme qu'elle aime !... Mais au fond de mon cœur, j'emportais une espérance secrète....Je me disais : Il tente peut-être une épreuve !.... Quand il verra que je suis une honnête fille, quand il aura fait de moi la femme

qu'il veut que je sois, qui sait ?.... peut-être m'aimera-t-il !.... Et quand j'ai fait ce rêve, qui était ma seule raison de vivre, j'apprends que vous vous battez pour une femme....Et vous croyez que je permettrai ce duel !.... Qu'elle le permette, elle que vous aimez, soit... mais que je le permette, moi qui vous aime !... Jamais!....

Olivier. — Je vous jure que si vous tentez une démarche autre que celle que vous venez de faire ici.... si vous faites un pas, si vous dites un mot pour empêcher ce duel, si vous l'empêchez enfin.... comme ce sera me déshonorer... car on dira que je me suis servi d'une femme pour ne pas me battre.... je vous jure, Marcelle, que je ne survivrai pas à ce déshonneur.

Marcelle.—Mon Dieu !... je ne dirai rien... je prierai.

Olivier. — Maintenant, Marcelle, il faut rentrer chez vous ; tantôt nous nous reverrons.

Marcelle. — Vous me renvoyez parce que le duel a lieu aujourd'hui.

Olivier.— Non, il n'aura même peut-être pas lieu ; maintenant que je sais que vous m'aimez, je veux vivre. Il y a un moyen de tout arranger.

Marcelle.—Vous me promettez que vous ne vous battez pas aujourd'hui.

Olivier.—Je vous le promets.

(*On entend Hippolyte qui frappe à la porte.*)

Olivier, *haut*. — Je suis à toi.

Marcelle.—Qu'est-ce que c'est?

Olivier. — C'est un de mes amis qui m'appelle.

Marcelle.—Un de vos témoins.

Olivier.—Oui.

Marcelle.— Pour vous mener sur le terrain. Olivier, je ne vous quitte plus.

Olivier.— Mes témoins sont là. Ils discutent avec les témoins de monsieur de Nanjac. Ils ont besoin de causer avec moi. C'est pour cela qu'Hippolyte m'appelle.

Marcelle. —J'ai peur.

Olivier. — Ecoutez, Marcelle, le rêve que vous avez fait, je l'avais fait, peut-être.... J'étais heureux et fier de développer en vous les bons sentiments que j'avais devinés.... L'instinct mystérieux de mon bonheur me portait vers vous.... Je ne pouvais pas vous expliquer pourquoi, je voulais vous voir digne de tous les respects ; je ne le savais pas encore, mais c'était un besoin de mon cœur.... Voilà tout ce que je puis vous dire, Marcelle, car lorsque sa vie est en jeu, l'homme n'a pas le droit de parler d'espérance et d'avenir.

Marcelle. — Olivier !

Olivier.— Dans une heure tout sera décidé... Dans une heure je pourrai tout vous dire... Jusque-là, il ne faut pas qu'on vous voie chez moi... Retournez auprès de la vicomtesse et attendez-moi près d'elle...Dans une heure nous nous reverrons, je vous le promets.... Je suis là, je ne sortirai que pour aller vous voir... Courage...

(*Il sort.*)

SCENE III.

MARCELLE, *seule*.

Mon Dieu! protégez-nous!
(Suzanne entre.)

SCENE IV.

MARCELLE, SUZANNE.

Suzanne.—Marcelle !

Marcelle, *se retournant, sa lettre à la main.*—Vous, madame!

Suzanne. — Comment vous trouvez-vous ici ?

Marcelle.—J'ai appris ce duel, je suis accourue.

Suzanne. — Et vous avez vu Olivier?

Marcelle.—Je l'ai vu.

Suzanne.— Et quand le duel a-t-il lieu ?

Marcelle.— Il n'aura pas lieu, je l'espère.

Suzanne.— Comment cela?

Marcelle.—Il y a un moyen de l'empêcher.

Suzanne.- Quel moyen ?

Marcelle. — Je l'ignore, mais Olivier m'a dit qu'il l'emploierait.

Suzanne.— Ce moyen serait une infamie!

Marcelle.—Vous le connaissez?

Suzanne.—Oui, pour éviter un duel, Olivier ne perdrait pas une femme, quelle qu'elle soit, il vous a trompée.

Marcelle.— Lui!....

Suzanne. — Répondez-moi, que lui avez-vous dit quand vous êtes venue....

Marcelle. — Que je ne voulais pas que le combat eût lieu.

Suzanne.— Et que vous l'aimiez....

Marcelle. — Oui....

Suzanne. — Et que s'il se battait, vous ne le quitteriez pas....

Marcelle. — Comment le savez-vous ?....

Suzanne. — Je sais ce que dit en pareil cas une femme qui aime. Alors il a promis d'arranger l'affaire ?

Marcelle. — Oui.

Suzanne. — Et il vous a dit qu'il vous aimait, peut-être ?

Marcelle. — Je l'ai bien vu.

Suzanne. — Il vous a trompée, il voulait gagner du temps, il est allé se battre.

Marcelle. — Non, car il est là.

Suzanne. — Vous en êtes sûre?

Marcelle. — Je n'ai qu'à l'appeler pour qu'il vienne.

Suzanne. — Appelez-le.

Marcelle. — Olivier! Olivier !....

Suzanne, *ouvrant le fond.* — Personne! êtes-vous convaincue maintenant?

Marcelle. — C'est impossible.

Suzanne, *sonnant.* — Vous doutez encore? *(Au Domestique qui entre.)* Votre maître est sorti ?....

Le Domestique. — Oui, madame.

Suzanne. — Seul?

Le Domestique. — Avec monsieur Richond et monsieur de Maucroix, qui est venu le prendre.

Suzanne. — Il n'a rien dit ni pour mademoiselle ni pour moi?

Le Domestique. — Rien.

Suzanne. — C'est bien. *(A Marcelle.)* Où allez-vous ?

Marcelle. — Il faut que je le trouve, il faut que je le sauve !

Suzanne. — Où le trouverez-vous ?.... savez-vous où il est?.... et le sauver, comment ? Attendons, c'est tout ce que nous pouvons faire, c'est le hasard qui joue pour nous. Olivier et Raymond se battent en ce moment, ce n'est plus douteux.... ces deux hommes sont braves ; ils se détestent, l'un des deux tuera l'autre.

Marcelle. — Mon Dieu !

Suzanne. — Maintenant, écoutez bien. Olivier a menti à vous ou à moi.... car, à moi aussi, il a dit qu'il m'aimait.

Marcelle. — A vous.... quand?....

Suzanne. — Il y a deux heures. En une minute, je puis perdre amour, fortune, avenir. Si Raymond survit, je suis sauvée ; mais s'il succombe, l'amour d'Olivier est ma seule ressource ; il faut qu'il m'aime ou je tombe sous le ridicule et la honte. Vous aussi, vous devez tenir à savoir la vérité. Le même homme nous a dit à toutes les deux qu'il nous aimait. C'est notre droit à toutes les deux de savoir s'il nous aime. Si c'est lui qui revient, il faut qu'il ne trouve ici qu'une seule de nous, vous comprenez bien cela ? Devant nous deux, il ne s'expliquerait pas. L'autre sera cachée derrière cette porte, elle entendra tout ; ce sera moi, si vous voulez. S'il vous répète qu'il vous aime, je me sacrifierai, je partirai sans rien dire.... répondez-moi donc !....

Marcelle. — Je ne vous comprends plus, madame, je ne sais plus ce que vous dites. Où prenez-vous ce sang-froid et ce calme effrayant ?

Suzanne. — Ecoutez !

Marcelle. — Quoi?

Suzanne. — Une voiture !

Marcelle. — C'est lui !

Suzanne. — Il y a un malheur. Entrez là.

Marcelle. — Je veux le voir.

Suzanne. — Entrez là, vous dis-je.... C'est lui !.... Olivier !....

Marcelle. — Sauvé !.... Il vit !.... Maintenant, mon Dieu, faites-moi souffrir si vous voulez !

Suzanne, *la poussant dans la chambre de gauche.* — Mais entrez donc.

SCENE V.

LES MÊMES, OLIVIER.

Olivier. — Vous ici, Suzanne ?

Suzanne. — Ne comptiez-vous pas me voir ?

Olivier. — En effet.

Suzanne. — Vous êtes blessé ?

Olivier. — Oh ! ce n'est rien !

Suzanne. — Et Raymond ?....

Olivier. — Voyons, Suzanne, étais-je dans mon droit ? Lui avais-je menti, à cet homme ?

Suzanne. — Non.

Olivier. — Avais-je fait ce qu'un honnête homme doit faire ?....

Suzanne. — Oui.

Olivier. — En nous mettant l'épée à la main à tous deux, dans votre conscience, à qui donniez-vous raison ?

Suzanne. — A vous.

Olivier. — Alors, n'est-ce pas, sa mort est un malheur et non un crime ?

Suzanne. — Sa mort !....

Olivier. — Oui. Ecoutez-moi, Suzanne. Depuis le jour où vous êtes venue me dire ici que vous ne m'aimiez plus, la jalousie s'est emparée de moi. J'ai voulu faire le cœur fort, j'ai souri ; mais je vous aimais de cet amour étrange, fatal, que vous avez inspiré à tous ceux qui vous ont aimée : à monsieur de Thonnerins, à ce vieillard qui a un instant oublié sa fille pour vous ; à Raymond, que rien n'a pu convaincre, qui ne croyait qu'en vous, qui ne voulait rien savoir, qui aimait mieux tuer un homme que d'être convaincu, et qui, s'il eût fermé la seule bouche qui tôt ou tard pouvait l'éclairer, vous eût épousée. Eh bien ! si j'ai voulu empêcher votre mariage, si j'ai dit à Raymond tout ce que je lui ai dit, si, enfin, sur le terrain, j'ai oublié qu'il était mon ami, si j'ai tué l'homme dont je pressais la main il y a huit jours encore, ce n'est pas pour l'offense que j'avais reçue, c'est pour que vous ne soyez pas à lui ; parce que je vous aimais, parce que je vous aime. En une minute, je vous ai tout fait perdre. Je ne puis être qu'à vous, vous ne pouvez être qu'à moi. Ne me quittez plus. Partons.

Suzanne. — Partons.

Olivier, *la prenant dans ses bras.* — Enfin !... (*En riant aux éclats.*) Oh !.... j'ai eu de la peine.

Suzanne. — Que dites-vous ?

Olivier. — Vous avez perdu, chère amie, vous devez un gage, regardez !....

Suzanne, *voyant paraître Raymond, suivi d'Hippolyte.* — Raymond !

Marcelle, *se jetant dans les bras d'Olivier.* — Ah !....

Olivier. — Pardonne-moi, ma femme, il fallait sauver un ami.

Raymond, *à Olivier.* — Merci, Olivier. En vérité j'étais fou. Vous avez pris soin de mon honneur jusqu'à la fin. Rien ne vous a rebuté pour me convaincre, ni mon aveuglement, ni mon injuste haine, ni cette blessure qui heureusement est sans gravité. Il n'y a plus rien entre madame et moi, qu'une question d'intérêts que je vous prie de régler (*il lui remet un papier*), afin que je n'aie même plus à lui adresser la parole.

(*Marcelle s'approche de Raymond, qui lui prend amicalement les mains. Olivier s'approche de Suzanne.*)

Suzanne. — Vous êtes un misérable !

Olivier. — Oh ! pas de grands mots. Quand on a engagé dans une partie la vie et l'honneur de deux hommes, il faut perdre en beau joueur. Je me suis bien fait donner un coup d'épée, moi, pour avoir le droit de prouver la vérité. Ce n'est pas moi qui empêche votre mariage, c'est la raison, c'est la justice, c'est la loi sociale qui veut qu'un honnête homme n'épouse qu'une honnête femme. Vous avez perdu la partie, mais vous sauvez votre mise.

Suzanne. — Comment cela ?

Olivier. — Par cet acte, Raymond vous restitue la fortune qu'il vous a fait perdre.

Suzanne. — Donnez. (*Elle déchire le papier.*) Ce que je voulais de lui, c'était son nom et non sa fortune.... Dans une heure j'aurai quitté Paris. Demain je serai hors de France.

Olivier. — Cependant, vous n'avez plus rien. Vous avez tout rendu au marquis.

Suzanne. — Je ne sais pas comment cela se fait ; mais j'étais si troublée en remettant ces papiers à monsieur de Nanjac, qu'après son départ j'en ai retrouvé la moitié sur ma table. Adieu, Olivier. (*Elle sort.*)

Olivier. — Quand on pense qu'il n'aurait fallu à cette femme, pour faire le bien, qu'un peu de l'intelligence qu'elle a dépensée pour faire le mal !

Raymond, *à Marcelle.* — Vous serez heureuse, mademoiselle ; vous épousez le plus honnête homme que je connaisse.

FIN.